Sina Dorothee Blome

Psychische Störungen in der Schwangerschaft

Kunsttheorie als kreative Psychotherapie?

Bibliografische Information der Deutschen Nationalbibliothek:

Die Deutsche Nationalbibliothek verzeichnet diese Publikation in der Deutschen Nationalbibliografie; detaillierte bibliografische Daten sind im Internet über http://dnb.d-nb.de abrufbar.

Impressum:

Copyright © Social Plus 2021

Ein Imprint der GRIN Publishing GmbH, München

Druck und Bindung: Books on Demand GmbH, Norderstedt, Germany

Covergestaltung: GRIN Publishing GmbH

Inhaltsverzeichnis

Abkürzungsverzeichnis

ÄZQ	Ärztliches Zentrum für Qualität in der Medizin
ANS	autonomes Nervensystem
AU-Tage	Arbeitsunfähigkeitstage
AWMF	Arbeitsgemeinschaft der wissenschaftlichen medizinischen Fachgesellschaften
BAG	Bundesamt für Statistik
BÄK	Bundesärztekammer
DIMDI	Deutsches Institut für Medizinische Dokumentation und Information
DGPPN	Deutsche Gesellschaft für Psychiatrie, Psychotherapie und Nervenheilkunde
EKT	Elektrokonvulsionstherapie
FAS	fetales Alkoholsyndrom
GKV	gesetzliche Krankenversicherung
hCG	humanes Choriongonadotropin
HELLP	hemolysis, elevated liver enzyme levels, low platelet levels
HES	Hypertensive Schwangerschaftserkrankungen
ICD-10-GM	Die Internationale statistische Klassifikation der Krankheiten und verwandter Gesundheitsprobleme, 10. Revision, German Modification
IPT	Interpersonelle Therapie
KBV	Kassenärztliche Bundesvereinigung
KVT	kognitive Verhaltenstherapie
RKI	Robert Koch-Institut
SSW	Schwangerschaftswoche
TMS	transkranielle Magnetstimulation
ZNS	zentrales Nervensystem

Abbildungsverzeichnis

Abstract / Zusammenfassung

Hintergrund: Psychische Störungen sind in Deutschland ein aktuelles Themenfeld. Trotz eines hohen Aufkommens dieser, sind Forschungslage sowie Versorgung immer noch unzureichend. So ist hierzulande ein beachtlicher Teil der Todesfälle auf psychische und Verhaltensstörungen zurückzuführen. Gerade in der vulnerablen Zeit rund um die Schwangerschaft bedarf es einer angemessenen Therapie. Die psychiatrische Versorgung in der Peripartalzeit stellt allerdings eine besondere Herausforderung dar, hormonelle Umstellungen sowie Risiken für Ungeborenes, Schwangerschaftsverlauf und Frau müssen Berücksichtigung finden. Neben den traditionellen Therapieverfahren der Psychopharmakotherapie, der Psychotherapie und der Soziotherapie existieren auch neuere Behandlungsmethoden wie die Kunsttherapie.

Methodik: Bei vorliegender Arbeit handelt es sich um eine literaturbasierte wissenschaftliche Arbeit. Im Zuge dieser sollen die Fragen, welche psychiatrische Versorgung innerhalb der Peripartalzeit als besonders sinnvoll erscheint und ob die Kunsttherapie im Rahmen dieser von Vorteil sein kann, beantwortet werden. Zur Erstellung wurden insgesamt 94 Quellen, vorwiegend in den Datenbanken Katalog.*plus!* der Universität Bielefeld, Google Scholar, SowiPort sowie PubMed ermittelt, verwendet.

Diskussion: In der Peripartalzeit erweist sich die Behandlung einer psychischen Störung als besonders kompliziert. Dies ist u.a. zurückzuführen auf eine ungenügende Datenlage. Studien bzgl. der allgemeinen psychiatrischen Versorgung sind nur vereinzelt zu finden und auch in den S3-Leitlinien, welche aktuelle Empfehlungen zur Behandlung veröffentlichen, sind nur wenige Informationen für die genannte Zielgruppe aufgeführt. Ebenso fällt die Studienlage bzgl. der kunsttherapeutischen Versorgung bei psychischen Störungen äußerst gering aus. Betrachtet man hier die Wechselwirkung zwischen hohen Zahlen psychisch Erkrankter, einer mangelhaften Datenlage sowie einer unterversorgten Patientengruppe zeigt sich eine sehr hohe Public Health-Relevanz. Zukünftig muss weitere Forschung betrieben und eine flächendeckende Versorgung gewährleistet werden.

Ergebnisse: Ein multimodaler Behandlungsplan, zusammengesetzt aus verschiedenen Komponenten und Schwerpunkten scheint, nach aktueller Datenlage sowie den Darlegungen vorliegender Arbeit, als besonders sinnvoll. Diese kann sich z. B. aus Psychopharmakotherapie, Psychotherapie und Soziotherapie zusammensetzen. Auch der Einsatz der Kunsttherapie, als integrativer Bestandteil eines Gesamtbehandlungsplans, kann von Vorteil in der Behandlung psychisch erkrankter Frauen in der Peripartalzeit sein. Hinsichtlich der Medikamententherapie ist jedoch Vorsicht geboten.

1 Einleitung

Psychischen Störungen wurde hierzulande für eine geraume Zeit ein deutlich zu geringes Interesse gewidmet. Dabei ist die Zahl der Betroffenen in Deutschland, welche im Laufe eines Jahres eine psychische Störung erleiden, mit 37 Prozent bei den Frauen und 25 Prozent bei den Männern weit höher als bisher angenommen. Ein beträchtliches Aufkommen haben u.a. depressive Störungen, Angststörungen und auch die Schizophrenie (Robert Koch-Institut (RKI), 2008, S. 7). Die Folgen psychischer Störungen können schwerwiegend sein und führen nicht selten zum Tode (Jacobi & Müllender, 2017, S. 6). Allein im Jahre 2015 verstarben in Deutschland 44.590 Menschen in Folge psychischer und Verhaltensstörungen. Von den Jahren 2013 zu 2015 ist zudem ein Anstieg von ca. 8.000 Todesfällen dokumentiert (Statistisches Bundesamt (DESTATIS), 2017). Neben dem Suizid sind hier u.a. Ursachen wie die in Abhängigkeit zur psychischen Störung auftretenden körperlichen Erkrankungen zu nennen (Jacobi & Müllender, 2017, S. 6).

Psychische Störungen erfordern, um drastischen Auswirkungen dieser entgegenzuwirken, einer rechtzeitigen und angemessenen Therapie. Gerade in Phasen hormoneller Veränderungen wie der Schwangerschaft ist diese unabdingbar (Surbek, 2012, S. 17). Sollte eine schwere psychische Erkrankung während der Schwangerschaft bestehen oder müssen Medikamente während dieser eingenommen werden, kann hier von einer Risikoschwangerschaft gesprochen werden (Oesterle, 2015; Rohde, Dorsch & Schaefer, 2015, S. 34). Im Jahre 2013 wurden in Deutschland circa 35 Prozent der Schwangerschaften als Risikoschwangerschaft diagnostiziert (RKI, 2015, S.102). Psychische Störungen und die Schwangerschaft stehen in Wechselwirkung zueinander. Eine psychische Erkrankung kann den Schwangerschaftsverlauf negativ beeinflussen und sich außerdem schädlich auf das Ungeborene auswirken. Andersherum kann aber auch die Schwangerschaft u.a. durch biologische Faktoren eine vorhandene psychische Störung begünstigen oder sogar neu hervorrufen. Für die Notwendigkeit einer Therapie psychisch erkrankter schwangerer Frauen spricht auch, dass die Anzahl der Todesfälle durch Selbstmord schwangerer Frauen die Anzahl der Todesfälle dieser durch Herz- sowie Gefäßerkrankungen übersteigt (Surbek, 2012, S. 17). Frauen in Schwangerschaft und Stillzeit stehen demnach vielen Hürden gegenüber und sollten, gerade im Falle einer Risikoschwangerschaft oder auch einer postpartalen Depression, besondere Aufmerksamkeit durch psychosoziale Organisationen gewidmet bekommen (Wimmer-Puchinger, 2013, S. 54). Erhebungen zufolge handelt es sich hier aber immer noch um eine unterversorgte Patientengruppe, welche einen auf sie individuell abgestimmten Behandlungsplan erfordert (Jordan, Bielau, Cohrs, Hauth, Hornstein, Marx, Reck & von Einsiedel, 2012, S. 205-210).

In der Mehrzahl der Fälle wirken sich früh angesetzte Therapiemaßnahmen in Form von Psychotherapie und Psychopharmakotherapie günstig auf den weiteren Werdegang der psychischen Störung aus (Jacobi & Müllender, 2017, S. 6). Hierzu existieren mittlerweile wissenschaftlich verifizierte Behandlungspfade zur Therapie derartiger Erkrankungen. Sowohl die Psychotherapie als auch die Psychopharmakotherapie verzeichnen in den letzten Jahren Behandlungserfolge, wobei die Psychotherapie langfristigere Behandlungschancen sowie mehr Compliance, also Bereitschaft zur Regeltreue seitens der Patientin / des Patienten[1], aufweist (Jacobi & Müllender, 2017, S. 6-7). Bezüglich der medikamentösen Behandlung der schwangeren Frau ist außerdem zu beachten, dass diese unerwünschte Konsequenzen für den Hergang der Schwangerschaft sowie für den Fetus bedeuten kann (Surbek, 2012, S. 18-19). Aber auch die klassische Psychotherapie kann von Hindernissen geprägt sein, diese erfordert von der Klientin / dem Klienten ein hohes Maß an verbaler Teilnahme und Offenheit sowie die Fähigkeit, die eigene Gefühlslage und vergangene Erlebnisse in Worte fassen zu können. Hier kann eine nonverbale Alternative, wie die Kunsttherapie, als bevorzugte Therapiemaßnahme anvisiert werden bzw. zusätzlich Anwendung finden (Oster, Poetsch, Danner-Weinberger & von Wietersheim, 2014, S. 70). Die Kunsttherapie hat sich bereits, in Kombination mit weiteren Therapiestrategien, in verschiedenen Studien als effektiv erwiesen. Es liegen positive Forschungsergebnisse bzgl. schizophrener Psychosen und demenzieller Erkrankungen, aus der Onkologie sowie aus psychosomatischen Kliniken vor (Oster et al., 2014; Plecity, Danner-Weinberger, Szkura & von Wietersheim, 2009; Ruddy & Milnes, 2014; Schmitt & Fröhlich, 2007; Wood, Molassiotis & Payne, 2011). In der Regel ist es sinnvoll, die Therapiemaßnahmen aus verschiedenen Behandlungsmethoden multimodal zusammenzusetzen (Steinbauer & Taucher, 1997, S. 5).

Aufgrund der, im vorherigen aufgeführten, hohen Public Health-Relevanz und eines bis dato wenig erforschten Themenfeldes als auch der unterversorgten Zielgruppe psychisch Erkrankter sowie speziell psychisch erkrankter schwangerer

---

1   In dieser Arbeit wird Wert auf eine geschlechtergerechte Sprache gelegt. Allerdings wird in einigen Fällen, wenn ein Themenfeld bspw. im Kontext der Schwangerschaft steht, ausschließlich die weibliche Form verwendet.

Frauen wird im Zuge dieser Arbeit folgende Fragestellung erörtert: „Welche psychiatrische Versorgung erscheint bei einer, in der Peripartalzeit[2] zu verortenden psychischen Störung als besonders sinnvoll?". Weitergehend soll der Kunsttherapie unter dem Gesichtspunkt, dass es sich hier um ein neueres, aber vielversprechendes Phänomen handelt, da dieses, wie zuvor exploriert, niederschwelliger als die klassischen psychotherapeutischen Verfahren und sicherer als die Psychopharmakotherapie ist, besondere Aufmerksamkeit gewidmet werden. Daher wird zusätzlich folgende Fragestellung erörtert: „Kann ein kunstpsychiatrischer Ansatz in der psychiatrischen Versorgung psychisch erkrankter schwangerer Frauen von Vorteil sein?".

Zur Exploration genannter Fragestellungen werden zunächst einige wichtige Hintergrundinformationen zu den Themen ‚Peripartalzeit' und ‚psychische Störungen' gegeben. Hier werden einerseits die durch die Schwangerschaft hervorgerufenen Besonderheiten, u.a. bzgl. des weiblichen Hormonhaushalts beleuchtet, weitergehend wird näher auf den Zusammenhang zwischen aufgeführten Hormonen sowie der Psyche der Frau verwiesen. Auch wird hier das Phänomen ‚psychische Störung' definiert und u.a. auf Ursachen, Verlauf, Folgen und Behandlung psychischer Störungen eingegangen. Weiterführend werden Unterschiede zwischen Männern und Frauen bzgl. der Erkrankungsgefahr angeführt und Erklärungsansätze aufgezeigt. Daraufhin folgt eine Darlegung des, vorliegender Arbeit zugrundeliegenden, methodischen Vorgehens. Im Anschluss werden die zuvor im Hintergrundkapitel explorierten Themenblöcke miteinander verwoben. Hier wird auf den Zeitpunkt der Ersterscheinung der Erkrankung, als auch auf die wechselseitige Wirkung beider Komponenten aufeinander, eingegangen. Fortführend werden ausgesuchte Erkrankungen näher beleuchtet, diese existieren entweder ausschließlich in Schwangerschaft und Postpartal, haben während der Gravidität ein besonders hohes Aufkommen inne oder aber nehmen aufgrund ihrer Schwere und Behandlungsdringlichkeit einen besonderen Stellenwert ein. Zudem werden hier die Auswirkungen genannter Störungen auf Schwangerschaft, Frau und Fetus diskutiert und erste Therapievorschläge zu den individuellen Erkrankungen genannt. Hierauf aufbauend werden im zentralen Teil dieser Arbeit empfohlene Therapiemaßnahmen zur Behandlung psychisch Erkrankter, unter Bezugnahme

---

2 Die Peripartalzeit schließt den Zeitraum der Schwangerschaft und der Entbindung sowie Stillzeit und Wochenbett ein (Pschyrembel Klinisches Wörterbuch 2014, 2013, S. 1635)

auf die Peripartalzeit, aufgezeigt. Hier erfolgt zunächst eine Darstellung allgemeiner Bauteile, welche das Fundament einer jeden Therapie (in der Schwangerschaft) bilden sollten. Weitergehend wird kurz auf verschiedene Verfahren wie die Hirnstimulationsverfahren verwiesen. Darauffolgend wird ein Überblick über psychotherapeutische Interventionen gegeben, welche sowohl präventiv als auch begleitend zu weiteren Therapieverfahren Einsatz finden. Dann wird das Behandlungsfeld Psychopharmakotherapie durchleuchtet, Gefahren und Behandlungsempfehlungen werden aufgezeigt. Unter Bezugnahme auf die S3-Leitlinien der Deutschen Gesellschaft für Psychiatrie, Psychotherapie und Nervenheilkunde (DGPPN) wird weitergehend auf die psychosozialen Therapiemöglichkeiten und -empfehlungen eingegangen. Die Unterkapitel sind weiterführend in Psychotherapie und in die Kunsttherapie als kreative Psychotherapie separiert. Zunächst werden hier die Psychotherapieverfahren, welche den derzeitig anerkannten Richtlinienverfahren entsprechen, aufgezeigt, anschließend werden diese durch weitere Methoden aus der Psychotherapie ergänzt. Der darauffolgende Teil, welcher sich auf die Kunsttherapie bei psychischen Störungen (in der Peripartalzeit) konzentriert, bildet den thematischen Schwerpunkt bzgl. der psychiatrischen Versorgung in dieser Arbeit. Es wird ein Vergleich zur klassischen Psychotherapie gezogen, Besonderheiten werden aufgezeigt, das Setting und dessen Rolle im Therapieprozess werden geschildert und es wird anschließend auf die Kunsttherapie speziell in der Schwangerschaft verwiesen. Weitergehend wird im Diskussionsteil die Wahl der Methodik vorliegender Arbeit begründet. Die Public Health-Relevanz des Themas wird offengelegt und die psychiatrische Versorgung in der Peripartalzeit wird im Kontext aktueller Forschung und Erkenntnisse betrachtet. Abschließend erfolgt im Fazit ein kurzes Resümee der in dieser Arbeit erörterten Tatsachen und es wird, soweit dies möglich ist, eine Antwort auf die Fragestellungen gegeben.

2 Hintergrund

„Frauen sind im Lauf[e] ihres Lebens zahlreichen Schwankungen ihres Sexual-
hormonspiegels unterworfen – etwa (…) während der Schwangerschaft und postpartal (…). In diesen Lebensphasen werden häufig auch Veränderungen des psychischen Befindens beobachtet." (Riecher-Rössler, 2015, S. 414).

Im weiteren Verlauf dieser Arbeit wird daher zunächst auf Schwangerschaft, Geburt und Stillzeit und diesbezüglich auf die hormonellen Veränderungen während
dieser Phase eingegangen. Weitergehend wird der Bezug zu psychischen Störungen während der Peripartalzeit angeschnitten. Zudem wird ein grundlegendes
Verständnis zu psychischen Störungen, deren Verlauf, Ursachen und Behandlung
gegeben.

2.1 Schwangerschaft, Geburt und Stillzeit

Die Schwangerschaft bedeutet eine enorme Veränderung im Leben einer Frau und
geht, auch bei psychisch stabilen Frauen, mit physischen als auch psychischen Beschwerden einher. Zu den psychischen Symptomen gehören Ängste und Unsicherheiten, welche sich in der Regel aber in Vorfreude wandeln (Stoppard, 1998,
S. 47). Als Ursache sind hier u.a. vergangene (traumatische) Erfahrungen sowie
die Ausschüttung von schwangerschaftsassoziierten Hormonen, welche sich auf
die Gefühlslage der Frau auswirken, zu nennen (Rohde & Dorn, 2007, S. 132-133).
Zudem sind auch die körperlichen Wandlungen wie bspw. die Vergrößerung der
Brust auf eine erhöhte Hormonproduktion während der Schwangerschaft zurückzuführen (Stoppard, 1998, S.96). Die Schwangerschaft, die postpartale Phase und
auch die Stillzeit können demnach zu den körperlich endokrin[3] instabilen Le-
bensabschnitten gezählt werden (Birkhäuser, Kuhl, Hausmann & Alfermann,
2005, S. 32).

„Das endokrinologische System, das Immunsystem sowie das zentrale Nervensystem und die Psyche beeinflussen sich wechselseitig. Somit kann jede endokrine
Störung zu körperlichen und psychischen Veränderungen führen (…). Hormone
können als Bestandteil dieses Gleichgewichtes den Gesundheitszustand daher
wesentlich beeinflussen." (Birkhäuser et al., 2005, S. 31). Die Aufgabe von Hormo-

---

3 Endokrin bedeutet in die Blutbahn gebend. Die endokrinen Drüsen sondern die Hormone
 direkt ins Blut ab (Pschyrembel Klinisches Wörterbuch 2014, 2013, S. 514 & S. 585).

nen im Organismus, welche durch die endokrinen Drüsen gebildet werden, ist die gezielte Aktivierung von Gewebezellen zu präzisen Aufträgen. Bereits eine sehr geringe Menge eines Hormons ist ausreichend, um einen Prozess in Bewegung zu setzen. Daher können schon kleinste Abweichungen in Anzahl oder Kombination verschiedener Hormone zu normwidrigen und schädlichen Reaktionen des Körpers führen (Dalton, 2003, S. 25). In der Schwangerschaft bspw. erfahren primär die Steroide ‚Östradiol' und ‚Progesteron' einen enormen Anstieg (Birkhäuser et al., 2005, S. 60). Während das Hormon Östrogen während der Schwangerschaft einen 20 bis 30-fachen Anstieg erfährt, kommt das Hormon Progesteron sogar auf die 50 bis 60-fache Ausschüttungsmenge im Vergleich zu nicht schwangeren Frauen (Stoppard, 1998, S. 96). Diese Sexualsteroide, welche zu der Gruppe der ‚Östrogene' und ‚Gestagene' gehören, existieren u.a. zusammen mit dem Schwangerschaftshormon ‚humanes Choriongonadotropin' (hCG) und der Hormongruppe der ‚Androgene' (Birkhäuser et al., 2005, S. 51). Das Hormon hCG existiert ausschließlich in der Schwangerschaft und dient hier der Entwicklung der Plazenta (Dalton, 2003, S. 29). Besonders aber den weiblichen Geschlechtshormonen ‚Östrogen' sowie ‚Gestagen' kommt eine besondere Bedeutung bzgl. der psychischen Gesundheit der Frau zu. Neben der Regulierung der Fortpflanzung haben diese auch einen beträchtlichen Einfluss auf das zentrale Nervensystem (ZNS) und damit auf die Psyche. Demzufolge können sich Hormonschwankungen auf das Verhalten und Denken der Frau auswirken. „Dabei stellt die jeweilige Prädisposition, die möglicherweise von der hormonalen Ausprägung des ZNS während der Fetalzeit abhängt, einen wichtigen Einflussfaktor dar." (Birkhäuser et al., 2005, S. 53-54). Eine sich während dieser Zeit in einem hohen Maße entwickelte Hormonsensitivität kann während des Zeitraumes zwischen der ersten und der letzten Menstruationsblutung einer Frau, in welchen auch die Peripartalzeit fällt, den Grundstein einer mentalen Instabilität darstellen. Diese ist dem Einfluss steigender und fallender Mengen von Östrogen und Progesteron unterworfen (Birkhäuser et al., 2005, S. 54). Östrogene nehmen für gewöhnlich schützende Charakteristika in Bezug auf neurologische und psychische Funktionalitäten des Menschen ein. So treten genannte Hormone in spezifischen Phasen des weiblichen Lebens mehr oder minder stark auf und beeinflussen in Folge dessen die Hirnaktivitäten der Frau (Riecher-Rössler, 2015, S. 414). Das Hormon Progesteron wirkt dabei ergänzend zum Hormon Östrogen (Birkhäuser et al., 2005, S. 54). Dieses kann einen beruhigenden Einfluss auf die schwangere Frau haben (Stoppard, 1998, S. 47). Neben den Sexualhormonen bestehen aber auch die, die Hormone nicht beeinflussenden, Metaboliten, welche die Vorgänge einiger Neurotransmitter steuern (Birkhäuser et al., 2005, S. 54). Um die Auswirkungen von Stress zu minimieren und somit einer krankhaften Reaktion von Körper und Psyche vorzubeugen, folgt jedem einzelnen Inkrafttreten eines neurochemischen Vorganges i.d.R. eine gegenwirkende und schützende Adaption des Organismus. Bei einem Ungleichgewicht dieser Funktion kann es zu einer psychischen Erkrankung der betroffenen Frau kommen (Birkhäuser et al., 2005, S. 54). Normalerweise aber gilt das Hormon Östrogen, hier vor allem Estradiol-17-ß, als Schutzmechanismus bzgl. psychischer Störungen. Man vermutet „unter anderem eine antipsychotische Wirkung, eine Verbesserung affektiver Symptome, die Reduktion aggressiven und suizidalen Verhaltens, eine stressprotektive Wirkung sowie eine Verbesserung kognitiver Funktionen", eine Verminderung dieses Hormons würde demnach gegensätzliche Wirkungen hervorrufen (Bergemann & Riecher-Rössler, 2005; Riecher-Rössler & de Greyter, 2007; Riecher-Rössler, Kuhl & Bitzer, 2006, zitiert nach Riecher-Rössler, 2015, S. 415). Hier ist zu beachten, falls genanntes Hormon zur Therapie einer psychischen Störung eingesetzt werden soll, dass dieses nur in Komposition mit einem Gestagen Anwendung finden darf, um der Entstehung einer ‚Endometrium-hyperplasie'[4] sowie eines ‚Endometriumkarzinoms'[5] vorzubeugen. Dieses Vorhaben ist für die Ärztin / den Arzt jedoch kein anspruchsloses, da das ‚Gestagen' als Antagonist zum ‚Östrogen' auftritt und somit dessen wünschenswerte Wirkung bzgl. des mentalen Zustandes der Patientin hemmen kann (Bergemann & Riecher-Rössler, 2005, zitiert nach Riecher-Rössler, 2015, S. 422). Außerdem führt ein Hormonmangel, welcher eine unzureichende Entwicklung der Uterusschleimhaut zur Folge hat, nicht selten zu einer Fehlgeburt (Stoppard, 1998, S. 164). Die Fehlgeburt hat starke Auswirkungen auf die Psyche der Frau und kann zu starken depressiven Störungen führen. Grund hierfür ist neben dem Verlust des Fetus auch der plötzliche sowie starke Abfall der Hormone (Stoppard, 1998, S. 166).

Des Weiteren kann es nach der Entbindung zu depressiven Verstimmungen der Frau kommen, was jedoch nicht gleich auf eine depressive Störung verweisen muss. Sollte diese jedoch zwei Wochen überdauern, sollte möglichst zügig fachmännischer Rat hinzugezogen werden, um schwerwiegende Schäden vorzubeu-

---

4 Die Endometriumhyperplasie ist eine übermäßige Zunahme der Gebärmutterschleimhaut (Pschyrembel Klinisches Wörterbuch 2014, 2013, S. 587).

5 Das Endometriumkarzinom ist ein, von den Drüsen der Uterusschleimhaut ausgehender, bösartiger Uterustumor (Pschyrembel Klinisches Wörterbuch 2014, 2013, S. 587).

gen (Stoppard, 1998, S. 230). Dass nach der Geburt ein Stimmungstief zu beobachten ist, kann auch auf das Ausscheiden der Plazenta, welche während der Schwangerschaft zusätzlich für die Hormonproduktion zuständig ist, zurückgeführt werden. Ein rapider Abfall von Progesteron und Östrogen ist die Folge (Dalton, 2003, S. 33). Zudem gelten Frauen, welche während der Schwangerschaft positive oder negative Stimmungsveränderungen in einem sehr ausgeprägten Maß aufweisen, als Risikogruppe bzgl. postpartal auftretender psychischer Störungen (Rohde & Dorn, 2007, S. 133).

Häufig werden derartige Anzeichen einer psychischen Störung während der Peripartalzeit auf die natürlichen biologischen Prozesse während dieser herabgestuft und erfahren so zu geringe Beachtung. Bleibt die Störung während Schwangerschaft oder nach der Geburt also zu lange unentdeckt, kann sich diese chronifizieren, die Behandlung wird erschwert (Rohde, 2004, S. 25-26). Hier ist zudem zu beachten, dass eine psychische Störung, welche erst nach der Entbindung diagnostiziert wird, nicht zwangsläufig hier ihren Ursprung haben muss. Häufig sind die Anfänge der Erkrankung bereits während der Schwangerschaft zu verorten (Rohde, 2004, S. 71).

2.2 Psychische Störungen

Die Bedeutung, welche psychischen Störungen heutzutage beigemessen wird, hat in den letzten Jahrzehnten einen drastischen Anstieg erfahren. Dennoch kann nicht von einem allgemeinen Anstieg psychischer Störungen gesprochen werden, diese werden lediglich häufiger von Ärztinnen / Ärzten und / oder Patientinnen / Patienten als solche erkannt bzw. diagnostiziert und genießen zudem einen partiellen Rückgang der Stigmatisierung. So erkrankt jede zweite Person innerhalb ihres Lebens geringstenfalls an einer psychischen Störung. Zu den psychischen Störungen mit besonders hohem Aufkommen zählen Angststörungen, depressive Störungen, somatoforme Störungen, aber auch Suchterkrankungen. Zu den gegenüber diesen weniger häufig auftretenden, aber dafür weitaus komplexeren und weitreichenderen psychischen Störungen zählen Psychosen, bipolare Störungen, aber auch Essstörungen. Auffallend ist, dass bei allen Erkrankungen, mit Ausnahme der Abhängigkeitserkrankungen, die Frauen eine höhere Prävalenz aufweisen. Die Gründe hierfür sind vielfältig und können sich von der unterschiedlichen Wahrnehmung sowie Übermittlung des eigenen Befindens, über Benachteiligungen der Lebenssituation seitens der Frauen bspw. aufgrund eines geringeren Einkommens, bis hin zu biologischen Faktoren erstrecken (Jacobi & Müllender, 2017, S. 2-4). Auf sozialer und gesellschaftlicher Ebene zeigt sich in Bezug auf Beruf und Entlohnung, dass der Mann im Gegensatz zur Frau für die gleiche Arbeit mehr Anerkennung u.a. in Form einer höheren Bezahlung zugesprochen bekommt. Des Weiteren dominiert noch immer, trotz fortscheitender Forderung nach Gleichstellung, der Gedanke, die Frau habe sich um Kinder und Haushalt zu kümmern. Die Frau steht in der modernen Gesellschaft nunmehr einer zweifachen Bürde, durch Familie und Beruf, gegenüber. Auch gegen die Ehefrau gerichtete häusliche Gewalt ist noch immer ein Thema (Wagner-Link, 2009, S. 12, S. 24). In Bezug auf die körperlichen Prozesse der Frau spielen Gehirn und Sexualhormone eine herausragende Rolle. Aus neurologischer Sicht begründet sich dieses Phänomen durch die unterschiedlichen Wirkmechanismen des weiblichen und männlichen Gehirns (Jacobi & Müllender, 2017, S. 4; Wagner-Link, 2009, S. 29-30). Hier sind auf Seiten der Frau bspw. die Sexualhormone zu nennen, welche einen erheblichen Einflussfaktor auf die, mit dem psychischen Befinden verknüpften, Neurotransmittersysteme bilden (Jacobi & Müllender, 2017, S. 4). Zudem unterscheidet sich das Gehirn der Frau im Aufbau von dem des Mannes. Während bei einem Jungen bereits mit zehn Jahren im Gehirn das Gebiet namens Amygdala im Volumen abnimmt, wächst dieses bei Mädchen bis hin zum zwanzigsten Lebensjahr. Hier wird eine Relation zwischen Volumen der Amygdala-Region und spezifischen psychischen Erkrankungen vermutet (Wagner-Link, 2009, S. 29-30).

Von psychischen Störungen spricht man dann, wenn bei einem Menschen „Störungen im Erleben, Befinden und Verhalten (...), die von psycho-neurobiologischen und somatischen Befundanomalien begleitet sein können" in Erscheinung treten (Gaebel & Müller-Spahn, 2002, S. 3). Die Quelle psychischer Störungen ist geprägt durch ihre Vielfältigkeit und wird zumeist durch das Zusammenwirken unterschiedlicher Einflussgrößen gebildet. Genannte Faktoren unterteilen sich in individuelle Vorbelastungen, wie genetische Dispositionen oder eine negative Anamnese und in persönliche Erfahrungen, wie posttraumatische Belastungsstörungen oder auch Verlusterlebnisse bspw. im Zusammenhang mit einer Fehlgeburt. Diese Belastungsfaktoren stehen oppositionell den sogenannten Schutzfaktoren, wie bspw. einem funktionierenden sozialen Umfeld entgegen. Entsteht hier ein Ungleichgewicht zugunsten der Gefahren erhöht sich das Risiko, einer psychischen Störung zu verfallen, immens (Jacobi & Müllender, 2017, S. 4-5). Psychische Störungen äußern sich durch einen unvorhersehbaren und wechselhaften Verlauf, welcher möglicherweise die gesamte Lebenszeit überdauert (Gaebel & Müller-Spahn, 2002, S. 3). Dieser Verlauf wird durch verschiedene

Einflussgrößen, welche auf die betroffene Person einwirken, darunter bspw. der individuelle Umgang mit der Erkrankung oder auch dessen soziale Lebenswelt, gelenkt (Gaebel & Zielasek, 2011, S. 96). Weitere, den Krankheitsprozess beeinflussende Faktoren, sind z. B. die Regelkonformität der / des Erkrankten bspw. bzgl. regelmäßiger Arzneimitteleinnahme oder auch Komorbiditäten (Jacobi & Müllender, 2017, S. 6).

Anders als bei körperlichen Erkrankungen besteht das Ziel der Behandlung psychischer Störungen nicht in der Beseitigung der Ursache und dem Erlangen des Ausgangszustandes, sondern in der Remission der Patientin / des Patienten, also der kurz- oder langfristigen Rekonstruktion der mentalen Gesundheit oder der Symptomlosigkeit. Grund hierfür kann der Komplexitätsgrad der Krankheitsauslöser bzw. deren Undurchsichtigkeit sein oder aber die Ursachen, wie psychosoziale, soziokulturelle oder biologische Risikofaktoren, lassen keine komplette Eliminierung zu (Jacobi & Müllender, 2017, S. 5).

Folgen psychischer Störungen können sowohl individueller, als auch gesellschaftlicher Natur sein oder sich in körperlichen Erkrankungen und Beschwerden äußern. Auf individueller Ebene sind psychische Störungen „immer mit substanziellem Leiden und Beeinträchtigung verbunden, entweder für die betroffene Person selbst, oder zumindest für die Umwelt bzw. es besteht eine Gefährdung der Umwelt aufgrund der psychischen Störung". Dieses individuelle Leiden äußert sich u.a. in sozialer Isolation oder verminderter Leistungsfähigkeit, was eine Gefährdung des Arbeitsplatzes mit sich ziehen kann. Weitergehend mündet dies nicht selten in Depressionen und auch Selbstmord bzw. Selbstmordversuchen (Jacobi & Müllender, 2017, S. 7). Gesellschaftliche Folgen zeigen sich hauptsächlich in der Wirtschaft in Form von direkten und indirekten Krankheitskosten bzgl. Präventions- und Behandlungskosten aber auch in Bezug auf Arbeitsunfähigkeitstage (AU-Tage) und Frühberentungen (Jacobi & Müllender, 2017, S. 8-10; Wagner-Link, 2009, S. 48). Einen Zusammenhang von psychischen und physischen Erkrankungen gibt es z. B. bei somatoformen Störungen (Jacobi & Müllender, 2017, S. 9). Diese sind in der ICD-10-GM-2017 unter der Kategorie psychische und Verhaltensstörungen unter der Ziffer F45.- vermerkt. Sie bezeichnen Erkrankungen, welche sich durch körperliche Beschwerden äußern, jedoch keine physische Krankheitsursache aufweisen. Zudem ersucht die / der Betroffene trotz Befundlosigkeit weiterhin medizinische Einrichtungen (Deutsches Institut für Medizinische Dokumentation und Information (DIMDI), 2017). Des Weiteren können psychische Störungen das Risiko des Erscheinens körperlicher Erkrankungen verstärken, ebenso können sich körperliche Erkrankungen negativ auf die psychische Gesundheit auswirken bzw. die psychische Störung zusätzlich verstärken. Neben erhöhten Morbiditäts- und Mortalitätsraten und einer Verschlechterung der Lebensqualität führt diese Komorbidität zusätzlich zu erhöhten Kosten in der Versorgung (Jacobi & Müllender, 2017, S. 8-10).

Bezüglich der Behandlung psychischer Störungen bestehen wissenschaftlich verifizierte Leitlinien zu spezifischen Erkrankungen, darunter Depressionen, Schizophrenie, bipolare Störungen sowie Zwangserkrankungen. Diese sind bekannt unter dem Titel ‚S3-Leitlinien‘. Veröffentlicht werden genannte Leitlinien von der Arbeitsgemeinschaft der wissenschaftlichen medizinischen Fachgesellschaften (AWMF) sowie der dazugehörigen deutschen Gesellschaft für Psychiatrie, Psychotherapie, Psychosomatik und Nervenheilkunde. Diese Leitlinien sind für die behandelnde Ärztin / den behandelnden Arzt jedoch nicht verpflichtend, sie stellen lediglich eine Hilfestellung dar (AWMF, o.J.; Rohde, Dorsch & Schaefer, 2015, S. 110). Des Weiteren ist in der ‚Deklaration von Madrid‘ aus dem Jahre 1996 festgelegt worden, dass eine Behandlung nur in Einverständnis mit der Patientin / dem Patienten erfolgen darf und dass diese zu ihrem / seinem Besten ausgelegt sein muss. Ausgenommen sind davon Patientinnen / Patienten, welche durch Nichtbehandlung eine Lebensgefahr für sich selbst oder andere darstellen würden (Hinterhuber, 2011, S. 61).

Im Folgenden wird das methodische Vorgehen zur Erstellung der vorliegenden wissenschaftlichen Arbeit dargelegt.

3 Methodisches Vorgehen

In vorliegender wissenschaftlicher Arbeit wurden insgesamt 94 Quellen, vorwiegend in den Datenbanken Katalog*plus!* der Universität Bielefeld, Google Scholar, SowiPort, sowie PubMed ermittelt, verwendet.

Zur Erlangung der, das Fundament dieser Arbeit bildenden Literatur, wurde zunächst in den Datenbanken Katalog*plus!* der Universität Bielefeld als auch Google Scholar nach den Themen der Schwangerschaft, psychischen Störungen, deren Behandlung, hier insbesondere der Kunsttherapie und auch der Kombination genannter Komponenten geforscht. Hierzu wurde nach Begriffen wie „Schwangerschaft", „pregnancy", „psychiatrische Versorgung", „psychiatrische Versorgung Schwangerschaft", „psychisch* krank* schwanger*", „mental disorder", „Therapie* Schwangerschaft", „art therapy", „psychisch krank schwanger Unterversorgung", „schwanger* Depression*", „pränatal* Depression" sowie „peripartal* Depression" recherchiert. Auf diese Weise konnte erste, in das Thema einführende Literatur gefunden werden. Zur weiteren Eingrenzung der Themen wurde weiterführend gezielt zu den einzelnen Kapiteln nachgeschlagen. So wurde in genannten Datenbanken für das Hintergrundkapitel u.a. nach den Begrifflichkeiten „psychische Störung", „mental disorder", Schwangerschaft Hormon*", „Hormone", „psych*" recherchiert. Für das Kapitel der Zusammenführung beider Themenblöcke sowie der Exploration einzelner Krankheitsbilder wurde in den Datenbanken Katalog.*plus!*, PubMed und Sowiport nach den Termini „schizophrenia", „depression", „substance use disorder women", „alcohol and drug use disorder" und „cannabis abuse" gesucht. Auch in der Datenbank des Robert Koch-Instituts wurde nach einzelnen Krankheitsbildern und Versorgungsformen, darunter die Angststörung, die Depression und die Schizophrenie, als auch die Psychotherapeutische Versorgung, recherchiert. Bzgl. der Therapiemaßnahmen wurde in erster Linie in den vier zu Anfang genannten Datenbanken u.a. folgenden Begriffen nachgegangen: „Kunsttherapie Setting", „art therapy schizophrenia", „Kunsttherapie", „Psychotherapie", „Psychopharmakotherapie Schwanger*", „psychopharmacotherapy pregnancy", „Kunsttherapie psych*", „Hirnstimulationsverfahren", „Soziotherapie", „S3-Leitlinien" als auch „psychiatrische Versorgung". Speziell zum Kapitel bzgl. der Psychotherapie wurde weitergehend bei Google Scholar nach den Begriffen „Gesprächspsychotherapie" und „Interpersonelle Psychotherapie" gesucht. Für die Diskussion, zur Erlangung aktueller Daten bzgl. der Behandlung psychischer Störungen (in der Schwangerschaft) wurde in der Datenbank der DGPPN nach den Behandlungsleitlinien recherchiert. Des Weiteren wurde, überwiegend in den Datenbanken PubMed und Sowiport mit Termini wie „Versorgung Schwangerschaft", „psychiatrische Versorgung Schwangerschaft" oder auch „pregnancy art therapy", nach aktuellen Studien bzgl. der Effektivität verschiedener Therapieformen sowie spezifisch der Wirksamkeit der Kunsttherapie geforscht. Weitere Literatur wurden in allen Bereichen durch das Schneeballverfahren ermittelt.

4 Psychische Störungen in der Peripartalzeit

Wie bereits im Hintergrundkapitel erörtert, stehen Frauen gerade in einer vulnerablen Lebensphase wie der Schwangerschaft und Postpartal einer Menge an biologischen Veränderungen und damit einhergehend psychischen Gefahren gegenüber. Diese können sich z. B. in depressiven Störungen oder Angststörungen, in schweren akuten oder chronischen Psychosen, aber auch im Suchtmittelmissbrauch äußern (Brockington, 2001, S. 15-16). Der Grat zwischen normalen negativen Verstimmungen und einer psychischen Störung ist jedoch schmal und kann nur für und mit der jeweiligen Frau individuell bestimmt werden (Rohde, 2004, S. 155). Allgemein wird davon ausgegangen, dass psychische Erkrankungen häufiger postpartal als während der Schwangerschaft auftreten, u.a. aufgrund der erhöhten Progesteron- und Östrogenwerte während dieser und dem plötzlichen sowie drastischen Abfall der Hormone nach der Entbindung. Wird eine psychische Störung aber doch während der Schwangerschaft diagnostiziert, kann in vielen Fällen davon ausgegangen werden, dass schon vor dem Umstand der Schwangerschaft eine psychische Erkrankung bestanden hat bzw. dass es sich hierbei nicht um eine Erstmanifestation der Erkrankung handelt. Sollte schon vorher z. B. eine Schizophrenie bestanden haben, welche medikamentös behandelt wurde und die Medikamente zum Wohle des Ungeborenen abgesetzt werden, ist die Wahrscheinlichkeit einer Wiedererkrankung immens. Des Weiteren kann bei einer bereits vor der Schwangerschaft bestehenden psychischen Störung nicht sicher gesagt werden, ob sich der psychische Zustand der Frau durch die Schwangerschaft verschlechtern wird, dieser kann ebenso konstant bleiben oder sogar zu einer Besserung führen (Rohde, 2004, S. 71-72). Psychische Störungen können sich in vielerlei Hinsicht auf eine bestehende Schwangerschaft auswirken, hier kann zwischen direkten und indirekten Folgen separiert werden. Direkte Auswirkungen sind bspw. Schlaf- und Essstörungen. Zu den indirekten Auswirkungen können zum einen die negativen Konsequenzen für die Entwicklung des Fetus in Folge der Psychopharmakotherapie gezählt werden, zum anderen ist, im Falle einer Suchterkrankung, für den Verlauf der Schwangerschaft und das ungeborene Kind, mit schwerwiegenden Konsequenzen durch Alkohol- und / oder Substanzmissbrauch zu rechnen (Surbek, 2012, S. 18-19).

In der Schwangerschaft treten einige psychische Störungen häufiger in Erscheinung als andere. Neben den auch unabhängig von der Peripartalzeit auftretenden Störungen, existieren außerdem solche psychischen Erkrankungen, welche ausschließlich in Schwangerschaft und Postpartal zu verorten sind (Rohde & Dorn,

2007, S. 134). Im Zuge der Krankheitsdiagnostik steht kein Krankheitszeichen alleine zur Bestimmung einer spezifischen psychischen Störung bereit. Welche psychische Erkrankung vorliegt, kann in Folge der Erhebung von Anzahl und Art der unterschiedlichen Symptome bestimmt werden (Rohde, 2004, S. 155-156).

Im Folgenden wird zunächst ein kurzer Überblick über die speziell schwangerschaftsbezogenen psychischen Erkrankungen geschaffen. Darauffolgend werden einige Krankheitsbilder mit einem besonders hohen Aufkommen und / oder mit einem besonderen Maß an Therapiebedürftigkeit, u.a. aufgrund ihrer Schwere, während der Schwangerschaft, exploriert. Abschließend wird ein kurzer Überblick über mögliche nach der Entbindung auftretende psychische Störungen gegeben.

4.1 Schwangerschaftsassoziierte (psychische) Störungen

Bei dem Krankheitsbild ‚Hyperemesis gravidarum' sowie bei hypertensiven Schwangerschaftserkrankungen handelt es sich um sog. ‚Gestosen'. Diese zeichnen sich dadurch aus, dass sie ausnahmslos in der Schwangerschaft existieren und ihre Ursachen nicht eindeutig geklärt sind. Die Quelle dieser Störungen ist meist multifaktoriell zu bestimmen. Demzufolge handelt es sich nicht zwingend um psychische Erkrankungen, es ist aber nicht auszuschließen, dass auch psychosoziale Aspekte bei der Krankheitsanamnese eine Rolle spielen (Berufsverband der Frauenärzte e.V., o.J.; Leeners, Sauer & Rath, 2000, S. 128; Rohde & Dorn, 2007, S. 135-139).

Bei der Krankheit ‚Hyperemesis gravidarum' kann, wie zuvor exploriert, nicht zwangsläufig von einer psychischen Erkrankung gesprochen werden, sie kann aber durch psychosomatische Aspekte, wie die Negierung einer Schwangerschaft, ausgelöst werden. Die Krankheit äußert sich durch chronische Übelkeit sowie Erbrechen und führt u.a. zu Flüssigkeitsmangel, Gewichtsverlust, Organschädigungen bis hin zur Notwendigkeit der künstlichen Ernährung. Bei einer Nichtbehandlung kann die Krankheit, aufgrund der permanenten Übelkeit, in psychischen Beschwerden, dem Schwangerschaftsabbruch und sogar im Suizid münden (Rohde & Dorn, 2007, S. 134-137). Zur Therapie kann hier z. B. das Antidepressivum Mirtazapin verabreicht werden, dieses definiert sich durch seine schlaffördernde und vor allem antiemetische, d.h. brechreizhemmende Wirkung. Dieses sollte allerdings nur dann Anwendung finden, wenn andere Therapiemethoden oder weitere Psychopharmaka in der Therapie keinen Erfolg zeigen, da bei dem Antidepressivum Mirtazapin zwar keine Gefahr zur Teratogenität, also zu kongenitalen Fehlbildungen oder Fehlfunktionen des Embryos nachgewiesen wurde, aber noch nicht viele Studien bzgl. der Anwendung in Schwangerschaft und Stillzeit vorzufinden sind (Rohde & Schaefer, 2010, S. 59 & S. 103). Weitere Behandlungsstrategien sind die Akupunktur, elektrische Reizbehandlung sowie unterschiedliche psychotherapeutische Verfahren. Zudem kann der Lebenspartner in die Therapie integriert werden, speziell dann, wenn der Ursprung der Erkrankung in psychosozialen Faktoren bzgl. einer konfliktreichen Beziehungskonstellation vermutet wird (Anke & Rohe, 2007, S. 135; Leeners, Sauer & Rath, 2000, S. 128).

Zu den Hypertensiven Schwangerschaftserkrankungen (HES) können u.a. die Präeklampsie sowie das HELLP-Syndrom[6] und die Eklampsie gezählt werden, Sonderformen dieser Erkrankung. HES sind in Deutschland einer der führenden Gründe für die Müttersterblichkeit, zudem können 20 Prozent aller Früh- und Fehlgeburten auf dieses Krankheitsbild zurückgeführt werden. Auch bei der Präeklampsie kann nicht von einer primär psychischen Erkrankung ausgegangen werden, die Ursachen sind neben genetischen und immunologischen Faktoren aber auch hier auf psychosoziale Aspekte zurückzuverfolgen. Ebenso kann eine Beeinträchtigung der Durchblutung der Plazenta als Krankheitsauslöser in Frage kommen. Des Weiteren erlegen die Angst vor möglichen Schwangerschaftskomplikationen sowie das permanente Monitoring im Krankenhaus der betroffenen Frau eine erhebliche mentale Bürde auf. Die Symptome einer Präeklampsie sind Hypertonie, Wassereinlagerungen in Gesicht, Händen und Füßen sowie eine übermäßige Eiweißausscheidung. Sollten zusätzlich Schmerzen im Oberbauch sowie Übelkeit und Erbrechen auftreten, kann dies ein Hinweis auf das, auf einer Leberinsuffizienz basierende, HELLP-Syndrom sein. Sowohl dieses als auch im besonderen Maße die Eklampsie, welche sich durch Beeinträchtigungen im neurologischen System äußert, sind weitaus gefährlicher als die Präeklampsie und können als lebensbedrohlich eingestuft werden. Im Falle einer Eklampsie kann es u.a. zu Wassereinlagerungen im Gehirn, akuter Niereninsuffizienz sowie einer Plazentainsuffizienz kommen (Anke & Rohde, 2007, S. 138-139; Berufsverband der Frauenärzte e.V., o.J. a; Leeners, Neumaier-Wagner, Kuse, Neises & Rath, 2002, S. 26-31).

---

6   HELLP ist die Abkürzung für Hemolysis elevated liver enzyme levels low platelet levels. Der Name beschreibt die drei Hauptmerkmale der Erkrankung, nämlich die Hämolyse, einen erhöhten Leberenzymspiegel und niedrige Thrombozytenspiegel (Medscape, 2015).

4.2 Angst- und Zwangsstörungen

Angsterkrankungen haben in Deutschland ein sehr hohes Vorkommen inne, bei Frauen sind diese mit 15 Prozent besonders häufig vertreten (Rohde & Dorn, 2007, S. 298). Die Angst ist die natürliche Reaktion auf Bedrohung, diese kann von außen oder aber von innen, durch die reine Imagination einer Gefahr, entstehen. Die Angst, welche ihren Ursprung in inneren Vorgängen hat, ist zumeist mit (frühen) Erfahrungen verbunden. Durch die physiologischen Prozesse der Stressverarbeitung hat die Angst sowohl auf Körper als auch auf Psyche Einfluss. So reagiert der Mensch, je nach Ausmaß der Situation sowie des personalen Ressourcenrepertoires, entweder mit kognitiver Problemlösungsaktivität, Vermeidung, Konfrontation und in grenzwertigen Situation auch mit psychomotorischen Störungen wie der Katatonie. Der Übergang einer natürlichen Angstreaktion des Menschen zu einer Angststörung wird dann erreicht, wenn die individuellen Ressourcen der persönlich empfundenen Angst nicht mehr standhalten können, weitergehend kommt es zu Einschränkungen im Leben genannter Person aufgrund des nicht zu bewältigenden Ausmaßes der Angst. Die Angst ist nicht nur Hauptsymptom der Angsterkrankungen, sondern tritt auch bei vielen weiteren psychischen sowie physischen Erkrankungen als sekundäres Phänomen in Erscheinung (Bolle, 2005, S. 207-208).

Bei den Angsterkrankungen wird zwischen drei verschiedenen klinischen Formen unterschieden, darunter die Phobien, die Panikstörung sowie die generalisierte Angsterkrankung. Phobische Ängste äußern sich in der Meidung bestimmter Situationen, Orte oder Dinge. Klinisch bedeutsam wird diese Angst dann, wenn sie zu Einschränkungen in Alltag und Leben führt. Die der Störung zugrundeliegende Ursache kann nicht immer exakt ausgemacht werden, mögliche Auslöser der Krankheit können ein negatives Erlebnis aus der Vergangenheit oder eine während der Kindheit z. B. durch ein Elternteil weitergegebene Angst sein. Problematisch wird eine Phobie im Rahmen der Peripartalzeit dann, wenn die spezifische Angst sich auf die Gesundheit der betroffenen Frau oder ihres Ungeborenen auswirkt. Dies kann bspw. bei einer bestehenden Krankheits-, Spritzen- oder Krankenhausphobie der Fall sein. Besonders häufig treten auch übermäßige Ängste bzgl. der Geburt und der damit einhergehenden Schmerzen auf. Hier ist das Empathievermögen der behandelnden Ärztin / des behandelnden Arztes obligat, zudem sollte es zu keinem Wechsel der Betreuungsperson kommen. Besonders hilfreich zur Therapie einer Phobie ist eine verhaltenstherapeutische Methode wie die stufenweise Desensibilisierung, diese setzt jedoch die Compliance der Patientin / des Patienten voraus. Gerade in einer akuten Situation wie der (Risiko-)Schwangerschaft kann aber von einer zu kurzen Zeitspanne bzgl. dieser Behandlungsmethode ausgegangen werden. Die zweite klinisch bedeutsame Form der Angsterkrankung ist die Panikstörung. Panikattacken werden bei erstem Auftreten zumeist aufgrund der sich überschneidenden Symptome als Herzinfarkt fehlinterpretiert. Die Symptome erstrecken sich von Herzrasen, Hitzeattacken, einem Tremor bis hin zu Todesängsten. Hier ist von keiner reinen Neurose auszugehen, auch das Serotonin-System des ZNS ist verantwortlich bzw. kann verantwortlich sein. Des Weiteren bildet sich bei Patientinnen / Patienten mit einer Panikstörung häufig eine sekundäre Angsterscheinung heraus, welche sich durch die Angst vor der Panikattacke definiert. Dies hat i.d.R. soziale Einbußen und Schwierigkeiten in der Alltagsbewältigung zur Folge. Als langfristige Therapiemethode kann hier wieder ein verhaltenstherapeutischer Ansatz, wie z. B. die Reizexposition, anvisiert werden. Weitere Möglichkeiten sind in der medikamentösen Therapie zu verorten, was im Rahmen der Schwangerschaft aber einer Abwägung erfordert (Rohde & Dorn, 2007, S. 298-301). Weitergehend handelt es sich bei Patientinnen / Patienten mit einer generalisierten Angsterkrankung zumeist um Personen, welche von einer sensiblen und labilen Persönlichkeitsstruktur zeugen. Die Gedanken der / des Betroffenen sind geprägt von einer permanenten Angst, es könne z. B. einem Nahestehenden etwas zustoßen. Es handelt sich hier um eine Besorgnis, welche sich auf die eigene Lebensumwelt bezieht, diese nimmt jedoch ein realitätsfernes Ausmaß an. Des Weiteren empfindet die / der Betroffene permanenten inneren Aufruhr. Zur Behandlung sind einige Antidepressiva zugelassen (Bolle, 2005, S. 210; Rohde & Dorn, 2007, S. 301).

Zwangsstörungen definieren sich durch Zwangsgedanken und / oder Zwangshandlungen. Diese werden von der / dem Betroffenen als nicht zu der eigenen Person gehörig erlebt. Zwangsgedanken gehen einher mit zwanghaften Vorstellungen, welche sich für gewöhnlich mit Dreck oder mit dem Gedanken, jemandem Gewalt zuzufügen, beschäftigen. Da genannte Gedanken auf Ablehnung durch die Betroffenen stoßen, wird hier häufig der Versuch des Verdrängens angestrebt, was von diesen i.d.R. aber nicht erfolgreich umgesetzt werden kann. Dies führt wiederum zu einer Verstärkung der zwanghaften Gedanken. Zwangshandlungen sind zumeist im Bereich von Sauberkeit oder auch ritualisierten Vorgängen zu beobachten. Können diese Abläufe z. B. aufgrund eines stationären Aufenthalts nicht vollzogen werden, kommt es zu Ruhelosigkeit und Angstgefühlen. Genannte Zwänge können als Hauptmerkmal einer Zwangsstörung auftreten, aber auch sekundäre Erscheinungen bzgl. einer anderen psychischen Störung wie der Depression sein. So treten diese auch bei postpartalen Depressionen auf. Dieser Zusammenhang wird in Kapitel 4.7 näher betrachtet (Rohde & Dorn, 2007).

4.3 Depression

In den Industrienationen werden Depressionen derzeit als die psychische Störung mit dem höchsten Aufkommen betrachtet, Frauen weisen dabei eine höhere Erkrankungsprävalenz auf als Männer (Quindeau, 2013, S. 95). Weltweit sind mehr als 300 Millionen Menschen betroffen (World Health Organization, 2017).

Laut der ICD-10-GM-2017 gehören Depressionen zu der Gruppe der Affektstörungen. Affektstörungen bezeichnen solche psychischen Erkrankungen, welche mit einer Veränderung der Stimmungslage einhergehen und somit entweder in einer Depression, einer Manie, also einem Stimmungshoch, oder aber in einer Kombination beider münden (ICD-10-GM, 2017). Während bei einer bipolaren affektiven Störung die depressiven und manischen Phasen abwechselnd auftreten, sind bei einer unipolaren Depression nur die depressiven Episoden vorzufinden. Im Folgenden wird sich auf die unipolare Depression bezogen (DIMDI, 2016): Typische Krankheitszeichen einer solchen Depression können Niedergeschlagenheit, Antriebs-, Freud- und Lustlosigkeit, eine Verminderung der Leistungsfähigkeit, permanente Müdigkeit, Schlaf- sowie Essstörungen, eine Minderung des Selbstwertgefühls, Gewichtsverlust oder auch der Verlust der sexuellen Lust sein. Depressive Episoden lassen sich in verschiedene Schweregrade unterscheiden, je mehr der zuvor genannten Symptome in Erscheinung treten, desto schwerwiegender die Erkrankung. Depressionen erstrecken sich somit von der leichten und mittelgradigen depressiven Episode über die schwere depressive Episode ohne psychotische Symptome bis hin zur schweren depressiven Episode mit psychotischen Symptomen. Des Weiteren sind hier sonstige depressive sowie nicht näher bezeichnete depressive Episoden genannt. Während sich sowohl die leichten als auch die mittelgradig depressiven Episoden meist nur in einer Beeinträchtigung bzgl. der Bewältigung des Alltags äußern, kommt es bei den schweren depressiven Störungen zudem zu einer deutlichen Reduktion des Selbstwertgefühls sowie zu suizidalen Gedanken. Darüber hinaus treten hier nicht selten begleitende körperliche Erkrankungen auf. Bei den schweren depressiven Episoden, bei welchen zusätzlich psychotische Symptome in Erscheinung treten, kommt es aufgrund von u.a. Wahnzuständen und Stupor, also der Erstarrung des gesamten Körpers, nicht selten zum Selbstmord oder Tod durch nicht ausreichende Flüssigkeits- und Nahrungszufuhr. Alltagsbeschäftigungen sind bei diesem Krankheitsbild nicht mehr zu bewältigen (ICD-10-GM, 2017).

Depressionen treten für gewöhnlich in Folge eines Verlusterlebnisses auf. Dieses „lässt sich (...) inhaltlich näher charakterisieren als verlorene Befriedigungsmöglichkeiten sowie als Verlust des Anderen, von dem diese Befriedigung ausgeht", wobei es sich hierbei nicht zwangsläufig um den wirklichen Verlust eines Menschen handeln muss, sondern viel mehr das Wegfallen oder die Veränderung einer bis dato im Leben der Person befindlichen Konstante meint (Quindeau, 2013, S. 97-98). Demnach kann auch die Entwicklung an sich immer als ein Verlust betrachtet werden, da die Entwicklung, selbst wenn diese ein höheres Maß an Selbstbestimmung als Outcome hat, immer eine Ablösung von bisher vertrauten Strukturen bedeutet. Diese Abhängigkeit von Gewohntem und der, durch die Entwicklung, immer fortwährende Verlust dieser, erfordert mentaler Verarbeitung. Diese Verarbeitung geschieht i.d.R. entweder durch Trauer oder durch Depression. Im Zuge der Depression wird der Verlust negiert, seine Existenz wird nicht wahrgenommen, bei der Trauer dagegen wird die Abhängigkeit durch fortwährendes Verlangen nach dieser aufrechterhalten. Sollten Trauer oder Depression während unvorteilhaften Voraussetzungen auftreten, können sich diese in einer Erkrankung verfestigen (Quindeau, 2013, S. 98). In Bezugnahme zu vorherigen Überlegungen kann demnach die Veränderung durch die Entbindung und damit einhergehend das neue Familienmitglied, als ein Verlust des bisherigen Lebens oder auch als ein Verlust der bisherigen Unabhängigkeit betrachtet werden, welcher der Verarbeitung bedarf. Auch eine Fehlgeburt ist als ein Verlusterlebnis einzuordnen.

Wie bereits zu Beginn dieses Kapitels erwähnt, verfallen mehr Frauen als Männer einer Depression. Die Ursachen hierfür sind weitreichend und werden u.a. in Kapitel 2 diskutiert. Konzentriert man sich aber auf den Zusammenhang von zuvor genannten Verlusterlebnissen durch das Phänomen ‚Entwicklung' und den Geschlechtsunterschied an sich, so sieht man, dass sowohl Frauen als auch Männer in ihrer frühesten Kindheit solch ein Verlusterlebnis durchleben müssen. Dieses äußert sich dadurch, dass durch das Älterwerden und somit das Bewusstwerden die zuvor gegebene Identität beider Geschlechter sich aufspaltet und nur noch eine Identität, nämlich die des Jungen oder die des Mädchens, übrigbleibt. Dieses geschieht jedoch auf unbewusster Ebene, sie verarbeiten diese Erfahrung also im depressiven Modus. Frauen sind im Gegensatz zu den Männern während dieser Zeit einer Doppelbelastung ausgesetzt. Neben dem Verlust einer der zwei Identitäten, stehen sie während dieser Zeit auch dem Verlust der „primäre[n] Liebe zur Mutter" gegenüber, da die Gesellschaft nach heterosexueller Begierde fordert (Quindeau, 2013, S. 99-101).

In der Behandlung depressiver Patientinnen / Patienten ist es wichtig, diese zu festen Strukturen zurückzuführen und ihnen einen geregelten Tagesablauf zu bieten. In der Interaktion zwischen Therapeut/in und Patient/in muss diese/r Nachsicht und Toleranz gegenüber der Klientin / dem Klienten walten lassen. Zudem sollte dieser / diesem eine positive Prognose bzgl. des zukünftigen Genesungsweges gestellt werden. Auch wenn diese/r darauf i.d.R. mit Ablehnung und Negierung reagiert, ist geschilderte Einstellung der Therapeutin / des Therapeuten von hoher Bedeutung. Auch der Einbezug der Angehörigen kann von Vorteil sein, einerseits als Beistand, anderseits um den, von den Angehörigen ausgehenden Druck zur schnellen Genesung, zu mindern. Bzgl. der Psychopharmakotherapie existieren Behandlungsleitlinien hinsichtlich Anwendung, Dosierung und Komposition der verschiedenen Antidepressiva. Natürliche Therapiemethoden sind der therapeutische Schlafentzug, die Lichttherapie sowie die Elektrokrampftherapie, welche vor allem bei schweren bzw. therapieresistenten depressiven Psychosen Einsatz findet. Bei den psychotherapeutischen Verfahren finden zumeist die Verhaltenstherapie, die Interpersonelle Psychotherapie als auch die Tiefenpsychologie, je nach vermuteten Krankheitsauslösern, Anwendung. Um die körperliche Gefangenheit zu lösen, werden zudem Entspannungsverfahren, Bewegungstherapie und weitere sportliche Aktivitäten empfohlen. Auch die Kunsttherapie kann helfen, hier soll ein sicheres Umfeld geschaffen und die Befähigung, den eigenen Gefühlen Ausdruck zu verleihen, gefördert werden. Innerhalb dieser Therapieform ist es wichtig, der Patientin / dem Patienten einen klaren Arbeitsauftrag zu geben, um dieser / diesem die Angst vor dem Versagen zu nehmen (Fuchs, 2005, S. 84-85).

4.4 Schizophrenie

Schizophrenie bzw. schizophrene Psychosen sind bei Frauen und Männern gleichermaßen vertreten. Die Ersterscheinung der Erkrankung liegt bei Frauen i.d.R. zwischen dem 23sten und 30sten Lebensjahr (Bäuml & Martius, 2005, S. 51), was sich mit der fertilen Lebensphase dieser überschneidet (Hoßmann, Lettow & Münz, 2009, S. 3). Inzwischen kann von einer immer größer werdenden Zahl von in der Behandlung stehenden schizophrenen Frauen als (werdende) Mütter ausgegangen werden (Riecher-Rössler, 2005, S. 238).

Das Entstehen einer schizophrenen Psychose ist nicht eindeutig geklärt und kann auf verschiedene Ursachen zurückgeführt werden. Darunter nicht beeinflussbare Faktoren wie die Erbinformationen sowie beeinflussbare Faktoren wie z.B. Schwierigkeiten während Schwangerschaft und Geburt, welche die Entwicklung im Gehirn des Kindes negativ beeinflussen und eine spätere Schizophrenie begünstigen (Bäuml & Martius, 2005, S. 54; Riecher-Rössler, 2005, S. 230).

Typische Merkmale der Schizophrenie sind die abnorme Wahrnehmung der Realität, der Verlust oder die Abweichung des eigenen Persönlichkeitsgefühls, Denkstörungen, Stimmungsschwankungen sowie Wahnvorstellungen und Sinnestäuschungen. Trotz genannter Merkmale kann nicht von einer besonderen Neigung zu Gewalttaten gesprochen werden, allerdings ist ein selbstverletzendes Verhalten, welches sich im Suizid äußert, ein nicht selten auftretendes Phänomen. Bei den verschiedenen Krankheitscharakteristika kann zudem zwischen den sogenannten Positiv- und Negativsymptomen unterschieden werden, wobei die Positiv- gegenüber den Negativsymptomen eine deutlich bessere Heilungs- bzw. Besserungschance aufweisen. Zu den Plussymptomen können u.a. Wahnzustände, Psychomotorik und abweichende Denkweisen, zu den Minussymptomen können u.a. Konzentrationsstörungen und Antriebslosigkeit gezählt werden (Bäuml & Martius, 2005, S. 52-53). Des Weiteren zeichnen sich Menschen mit einer schizophrenen Psychose zumeist durch ein hohes Maß an Sensibilität und Vorstellungsvermögen aus und brillieren oftmals durch ihr künstlerisches Talent (Bäuml & Martius, 2005, S. 51). Schon seit den Anfängen des 19. Jahrhunderts haben die in den Psychiatrien entstandenen Werke schizophrener Patientinnen / Patienten aufgrund ihres hohen ästhetischen Niveaus beträchtliche Anerkennung von außen erfahren können (von Spreti, 2005, S. 63).

Die Schizophrenie kann grob in die Subtypen der paranoiden, hebephrenen, katatonen sowie der undifferenzierten Schizophrenie unterteilt werden. Patientinnen / Patienten mit einer paranoiden Schizophrenie lassen sich überwiegend an den gehäuft auftretenden Wahnzuständen festmachen (ICD-10-GM, 2017a). Dieser Subtyp kann zudem zu den am häufigsten vertretenen gezählt werden (Bäuml & Martius, 2005, S. 53). Die hebephrene Schizophrenie dagegen zielt primär auf den Wandel der Gefühlswelt der Betroffenen / des Betroffenen ab, kann aber u.a. auch Halluzinationen hervorrufen und ist nicht selten geprägt durch Manierismen, hier überwiegend abnormale Bewegungsabläufe oder Sprachstörungen. Des Weiteren ist dieser Subtyp hauptsächlich bei Jugendlichen und jungen Erwachsenen vertreten. Die Untergruppe der katatonen Schizophrenie ist in erster Linie auf die

Psychomotorik gerichtet, d.h. die Bewegungen der Frau / des Mannes sind abhängig von ihrer / seiner Gefühlswelt sowie von ihrer / seiner Persönlichkeitsstruktur. Abschließend umfasst die Form der undifferenzierten Schizophrenie solche Patientinnen / Patienten, welche zwar die typischen Merkmale einer Schizophrenie aufweisen, aber keiner der Untergruppen eindeutig zugewiesen werden können (ICD-10-GM, 2017a).

Hinsichtlich der Behandlung kann sowohl seitens der Patientinnen / Patienten als auch deren Angehörigen eine Skepsis gegenüber einer Psychopharmakotherapie ausgemacht werden. Dennoch sollte diese, neben der Psychotherapie und psychosozialen Hilfsmaßnahmen, in den Behandlungsplan schizophrener Personen integriert werden (Bäuml & Martius, 2005, S. 54-55). Der Verlauf der Erkrankung kann in verschiedene Stadien unterteilt werden, diese verlangen wiederum nach unterschiedlichen Behandlungsstrategien. Beginnend mit dem Prodromalstadium, der Phase, in welcher erste Frühsymptome der Erkrankung auftreten, kommt es aufgrund i.d.R. noch nicht gestellter Diagnose, zu keiner Therapiemaßnahme. Das nächste Stadium ist die sog. Akutphase, hier kann eine Kombination aus Psychopharmakotherapie, Kunsttherapie, Ergotherapie und eine beginnende Psychoedukation eingesetzt werden. In der darauffolgenden postakuten Erkrankungsphase kann zudem die Psychotherapie hinzugezogen werden. Auch im Stadium der sog. Symptomsuppression werden genannte Maßnahmen, zur Manifestierung der Behandlungsfortschritte, fortgeführt und durch die Verhaltenstherapie ergänzt. In der abschließenden Phase der sog. Rezidivprophylaxe sollte die Neuroleptika-Therapie zu einem Viertel der Akutbehandlungsdosis fortgeführt werden und auch die Psychoedukation sowie die Verhaltenstherapie und weitere Formen der Psychotherapie weiterhin Anwendung finden (Bäuml & Martius, 2005, S. 57).

4.5 Abhängigkeitserkrankungen

Abhängigkeitserkrankungen gelten global, neben den Depressionen, als die psychische Störung mit dem höchsten Aufkommen (Backmund, 2005, S. 196). Obwohl Männer eine höhere Erkrankungszahl aufweisen, muss dennoch ein besonderes Augenmerk auf die Suchterkrankungen bei Frauen gelegt werden, die Folgeerscheinungen für Psyche und Physis sind hier schwerwiegend und weitreichender. Zudem ist bei Frauen die Grenze vom Drogenmissbrauch zur Drogenabhängigkeit schneller überschritten. Insbesondere bei schwangeren Frauen ist bzgl. des Konsums Vorsicht geboten, bei einer Substanzabhängigkeit muss mit unwiderruflichen negativen körperlichen und psychischen Erkrankungen bei dem Neugeborenen gerechnet werden (Svikis & Reid-Quiñones, 2003, S. 447).

Während der Substanzmissbrauch mit körperlichen und sozialen Konsequenzen einhergeht, kommen bei der Substanzabhängigkeit weitere Faktoren hinzu. Von einer Sucht spricht man dann, wenn bei Absetzen der bzw. bei Verzicht auf die Droge körperliche und / oder psychische Entzugserscheinungen auftreten, der Drogenkonsum nicht mehr dem eigenen Willen unterliegt und sich durch wiederholte Exposition eine herabgesetzte Sensitivität bzgl. des Suchtmittels entwickelt hat. Suchterkrankungen charakterisieren sich durch ihre Langlebigkeit sowie ihre phasenweise Wiederkehr nach Stadien der Besserung. Die betroffene Person kann der Sucht nach spezifischer Droge, auch wenn sie sich derer nachteiligen gesundheitlichen und sozialen Auswirkungen bewusst ist, nicht widerstehen. Auslösemechanismen dieser Abhängigkeit sind neben der ‚konditionierten Drogenreize' auch Stresssituationen sowie eine niederschlagende Gefühlslage (Gerber & Walter, 2013, S. 152-153). Die Ätiologie der Erkrankung wird multifaktoriell auf sowohl erbliche als auch soziokulturelle Faktoren und die Einflüsse der Droge auf den Organismus zurückgeführt. Der Zeitpunkt, welcher als Ursprung einer Abhängigkeitserkrankung fungiert, geht auf eine für die Psyche stressbeladende Situation zurück. Als psychische Stresssituation wird z. B. die Veränderung exploriert. Kann diese Veränderungsdynamik vom Individuum, aufgrund unzureichender Ressourcen, mental nicht verarbeitet werden, so kommt es, wie bereits im Kapitel 2.2 erörtert, zu einer psychischen Störung, wie bspw. der Suchterkrankung (Backmund, 2005, S. 195-196). Sowohl Männer als auch Frauen unternehmen den Schritt zur Droge demnach zur Loslösung belastender Geschehnisse, Probleme und Gedanken. Während bei den Männern die Abhängigkeitserkrankung i.d.R. am Anfang der Morbidität steht, geht bei Frauen die Suchterkrankung meist erst in Folge einer anderen psychischen Störung oder Belastung einher (Gerber & Walter, 2013, S. 154).

Bei den häufig konsumierten Substanzen handelt es sich in erster Linie um legale Rauschmittel, darunter Alkohol, Tabak und Medikamente (Berner, 2015, S. 167), aber auch gesetzwidrige Drogen, wie bspw. Cannabis, Heroin und Kokain (Gerber & Walter, 2013, S.157-159).

„Ungefähr 6,7 Millionen der 18 bis 64-jährigen Frauen [in Deutschland] sind Raucherinnen. (...) [Des Weiteren] trinken ungefähr 3,2 Millionen Frauen zwischen 18 und 64 Jahren [Alkoholmengen] über dem empfohlenen Grenzwert, so dass das Risiko für viele Krankheiten erhöht ist. Ebenso nehmen in dieser Altersgruppe über 200.000 Frauen regelmäßig Schlafmittel, über 330.000 Beruhigungsmittel und über 1,1 Millionen Schmerzmittel ein." (Berner, 2015, S. 167). Jede zweite Frau gibt das Rauchen allerdings, u.a. zum Wohle des Fetus in der Schwangerschaft, wieder auf. Der Zigarettenkonsum kann einerseits gesundheitliche Auswirkungen für die Frau, wie ein Lungenkarzinom, Hirninfarkt oder auch Abweichungen des Hormonhaushalts haben, er kann sich im Falle einer Schwangerschaft aber auch schwerwiegend auf das Ungeborene auswirken. Früh-, Fehl- und Totgeburten treten bei in der Schwangerschaft rauchenden Frauen deutlich gehäuft auf, zudem ist das Geburtsgewicht dieser Kinder i.d.R. geringer und das Risiko für Allergien erhöht (Berner, 2015, S. 167-170). Ein übermäßiger Alkoholkonsum kann physische Krankheiten, z.B. Krebserkrankungen, chronischen Bluthochdruck, Schlafprobleme aber auch psychische Störungen, darunter depressive und Angststörungen hervorrufen (Berner, 2015, S. 172). Der Übergang von normalem Konsum hin zur Abhängigkeit verläuft bei Frauen deutlich schneller als bei Männern, zudem sind bei diesen, aus biologischen Gründen, schlimmere gesundheitliche Outcomes zu erwarten (Gerber & Walter, 2013, S. 155). Des Weiteren kann bei einem Alkoholkonsum während der Schwangerschaft von schwerwiegenden Konsequenzen für das Neugeborene ausgegangen werden (Berner, 2015, S. 172). Hierbei spricht man von dem sog. ‚fetalen Alkoholsyndrom' (FAS), welches hierzulande jährlich etwa zweitausend neugeborene Babys betrifft. Es ist sowohl mit physischen Fehlbildungen als auch mit psychischen Beeinträchtigungen beim Kind zu rechnen (Alliance Healthcare Deutschland AG, 2014). „Die Symptomatik besteht in einer Verminderung von Körperlänge und -gewicht von Geburt an, in Mikrozephalie, deutlicher Intelligenzminderung und Verengung der Lidspalten; häufig finden sich angeborene Herzfehler, mitunter Genitalanomalien und weitere Mißbildungen." (Ijaiya, Schwenk & Gladtke, 1976, S. 1563). Bezüglich der Medikamenteneinnahme ist bei Frauen von einer höheren Einnahmezahl auszugehen, gerade bei Psychopharmaka ist ein doppelt so hoher Konsum auszumachen als bei Männern. Grund für den höheren Konsum ist u.a. das bereitwilligere Mitteilen psychischer Beschwerden seitens der Frau (Berner, 2015, S. 174). Die Auswirkungen der Medikamenteneinnahme während der Peripartalzeit werden u.a. im Kapitel 5 erörtert.

Bei Cannabis handelt es sich, nach dem schweizerischen Bundesamt für Statistik (BAG), um die am häufigsten konsumierte, durch das Betäubungsmittelgesetz für illegal erklärte Droge, gefolgt von Kokain. In der Altersklasse von 15 bis 59 Jahre ist sowohl bei Cannabis, Kokain, Ecstasy als auch Heroin von 1997 zu 2012, ein mehr oder minder starker Anstieg im Konsum zu verzeichnen. Der Gebrauch weist auch hier bei den Männern höhere Zahlen auf (BAG, o.J.).

Heroin zählte in den 1960er Jahren sogar zu den führenden Gründen für Sterblichkeit junger Menschen in New York und wurde erst im Jahre 1971 in Deutschland als gesetzeswidrig erklärt (Gerber & Walter, 2013, S. 157). Wird diese Substanz während einer bestehenden Schwangerschaft konsumiert, sind folgenschwere Effekte für Embryo bzw. Neugeborenes die Folge. Es kommt zu Fehlgeburten, einer Unterversorgung des Fetus durch unzureichende Sauerstoffzufuhr oder auch zu vorzeitiger Wehentätigkeit. Zudem kann das neugeborene Kind von einem sehr geringen Geburtsgewicht zeugen als auch Entzugserscheinungen aufweisen (Härtl, Kästner & Stauber, 2001, S. 17). Des Weiteren darf bei einer bestehenden Heroinabhängigkeit mit parallel auftretender Schwangerschaft kein abrupter Entzug der Droge erfolgen, dies kann gesundheitliche Schäden oder sogar den Tod des Kindes nach sich ziehen. Gleiches gilt für Benzodiazepine, hier ist ein stufenweiser Abbau der Substanz durch Substitutionsmittel anzustreben (Deutsche Hauptstelle für Suchtfragen e.V., 2012, S. 17-19). Bei Entzugssymptomen des Neugeborenen spricht man auch vom sog. ,neonatalen Opiat-Abstinenz-Syndrom', dieses verursacht Störungen im ZNS und im autonomen Nervensystem (ANS) sowie im Magen-Darm-Trakt und in den Atmungsorganen (Finnegan & Kaltenbach, 1992 & Kandall, 1995 zitiert nach Härtl, Kästner & Stauber, 2001, S.17). Des Weiteren kann bei schwangeren Opiatabhängigen ein duomodaler Therapieansatz, zusammengesetzt aus Substitutionstherapie[7] und Psychotherapie, anvisiert werden. Gerade eine Phase der Umstellung und Neugliederung bisheriger Lebensinhalte wie Schwangerschaft und Mutterschaft können als vorteilhaft für eine beginnende Behandlung angesehen werden (Stauber, 1999, S. 24-26; Weingart-Jesse & Stauber, 1999, S. 249-252). Die Substitution kann mit Levomethadon oder Methadon erfolgen, wobei das Ziel der stufenweisen Reduktion der Substanz verfolgt wird. Im Rahmen der Psychotherapie werden u.a. Alternativen zum Drogenkonsum erörtert, die Selbstachtung der / des Einzelnen gestärkt sowie weitere Organisationen bzgl. des Drogenentzuges vorgeschlagen (Härtl, Kästner & Stauber, 2001, S. 18-19).

---

7 Die Substitutionstherapie wird im Zusammenhang mit Drogen auch Drogensubstitutionstherapie oder Drogenersatztherapie genannt. Eine gesetzeswidrige Substanz wird hier von der Ärztin / dem Arzt durch ein zugelassenes Medikament ersetzt (Pschyrembel Klinisches Wörterbuch 2014, 2013, S. 2056).

Die Behandlung von abhängigen Patientinnen / Patienten setzt deren Compliance sowie deren Bereitschaft, eine Veränderung zu bewirken, voraus. Durch die Therapie soll eine Brücke zwischen Therapeut/in und der betroffenen Person hergestellt und die Klientin / der Klient befähigt werden, sich selber mitzuteilen. Die therapeutische Arbeit ist in besonderem Maße mit Suchtabhängigen schwierig, welche eine illegale Droge konsumieren. Diese hegen zumeist Misstrauen gegen die Therapeutin / den Therapeuten und befürchten bei Offenlegung ihrer Selbst und Ihres Drogenkonsums eine Gefängnisstrafe oder die Einweisung in eine Drogenentzugsanstalt (Gerstberger, 2005, S. 206). Die Kunsttherapie kann bei suchtkranken Menschen effektiv eingesetzt werden, vorausgesetzt diese lassen sich aus freien Stücken auf die Therapie ein. Im Rahmen dieser kann das Innere sowie die individuelle Wahrnehmung der Realität der / des Betroffenen durch das Medium offengelegt werden. Beispielsweise kann die / der Patient/in, welche/r im Bild eine illusionsbehaftete Welt darstellt, im Gespräch mit der Therapeutin / dem Therapeuten wieder zur Realität geführt werden. Zusätzlich kann, bei öffentlicher Ausstellung der Bilder in der Klinik und der lobenden Anerkennung dieses Gemäldes durch andere Patientinnen / Patienten, neues Selbstbewusstsein für die / den Erkrankte/n geschaffen werden (Gerstberger, 2005, S. 201 & S. 206). Des Weiteren kann bzw. muss bei Patientinnen / Patienten, welche sich der verbalen Äußerung verweigern, das Medium als Ausdruck dienen:

> „Auf einer Talsohle treffen sich 2 bizarre Gestalten (…). Sie gleichen 2 Monstern, die sich begegnen. Was passiert, ist offen. Findet ein Kampf statt? Gehen sie aneinander vorbei? Sprechen sie miteinander? Therapeutisch bietet sich die Möglichkeit an, die Tiere in einen Dialog treten zu lassen, d.h. die Malerin spricht die Anteile beider Tiere. Dies wäre eine Möglichkeit, etwas mehr zu erfahren. In diesem Fall weigerte sich die Patientin, die das Bild nach dem Entzug von ihrer Drogensucht malte, irgend etwas dazu zu sagen. Sie habe das Bild einfach so gemalt, ohne sich irgend etwas dabei zu denken – Punkt. Wir sind also auf Vermutungen und Spekulationen zurückgeworfen, das Bild ohne Mithilfe der Patientin zu deuten. Können die Tiere als Ausdruck des „vitalen Selbst" gesehen werden? Sind sie Zeichen eines inneren Kampfes, den die Malerin mit der Drogensucht und sich selbst kämpft? Ist das Bild Ausdruck ihrer inneren Spannung? …
>
> Die Patientin ist verbal nur schwer erreichbar. In der Kunsttherapie kann sie sich immerhin mit Bildern ausdrücken." (Gerstberger, 2005, S. 205). (siehe Abb. 1)

Abbildung 1, "Einblick in eine fremde Welt - kein Hafen, in dem man leicht landen kann", (Gerstberger, 2005, S. 205)

4.6 Postpartale psychische Erkrankungen

Zu den postpartalen psychischen Beschwerden und Erkrankungen zählen die ‚Baby Blues' sowie postpartale Depressionen und Psychosen (Rohde, 2004, S. 53-58). Der Suizid in Folge schwerer Fälle postpartaler Depressionen und Psychosen macht sechzig Prozent der Müttermortalität aus (Department of Health o.J. zitiert nach Alder & Urech, 2014, S. 54-55). Zudem kommt es bei einem von 50.000 Fällen zu einem sog. Infantizid, d.h. einer Tötung des Neugeborenen innerhalb ihres / seines ersten Lebensjahres. Der Infantizid tritt zumeist in Kombination des Suizides weiterer Personen auf (Alder & Urech, 2014, S. 55).

Der Begriff ‚Baby Blues' kommt aus dem Englischen und bedeutet so viel wie ‚Baby Melancholie'. Die Symptome reichen von Stimmungsschwankungen, einer übermäßigen Sensitivität bis hin zu Schlafproblemen und Auffälligkeiten im Verhalten der Frau. Bei den ‚Baby Blues' kann noch nicht von einer psychischen Störung gesprochen werden, die hier auftretenden Symptome werden auf den plötzlichen Abfall des Hormonhaushaltes nach der Entbindung zurückgeführt. Sollten die Beschwerden aber zwei bis drei Tage überdauern und / oder weitere Krankheitszeichen hinzukommen, könnte sich eine depressive Störung oder eine Psychose manifestieren (Rohde, 2004, S. 53-54).

Die postpartale Depression kann sich wie die geläufige Depression, welche bereits in Kapitel 4.3 exploriert wurde, von leichten depressiven Episoden über schwere depressive Episoden ohne psychotische Symptome bis hin zur schweren depressiven Episode mit psychotischen Symptomen erstrecken. Auch hier äußert sich die psychische Störung durch Symptome wie eine verminderte Leistungsfähigkeit der Frau, Antriebslosigkeit sowie Schlaf- und Essstörungen. Des Weiteren werfen sich Frauen mit einer postnatalen Depression u.a. aufgrund der gestörten Mutter-Kind-Beziehung häufig vor, als Mutter versagt zu haben und entwickeln Schuldgefühle. Zusätzlich kommt es zu Zwangsgedanken bzgl. eines Suizides oder auch der Schädigung des Kindes (Rohde, 2004, S. 54-65). Wenn es sich hierbei wirklich um Zwangsgedanken und nicht um sog. akustische Halluzinationen handelt, muss von keiner akuten Gefahr für Frau und Kind ausgegangen werden, da Zwangsgedanken für gewöhnlich nicht ausgeführt werden (Rohde & Dorn, 2007, S. 302). Die postpartale Depression lässt sich in drei Subtypen separieren, darunter der Insuffizienztyp, der Zwangstyp und der Paniktyp, wobei ersterer das höchste Aufkommen innehat. Der Insuffizienztyp ist geprägt durch die Gefühle des Versagens und der Schuld kombiniert mit einer gedrückten Gefühlslage der Frau und artet in einigen Fällen im Selbstmord aus. Der Zwangstyp charakterisiert sich neben einer depressiven Gefühlslage in erster Linie durch das Bedürfnis der Frau, dem Kind Schaden zuzuführen und in Folge dessen in Schuldgefühlen. Der Paniktyp äußert sich ebenfalls in einer depressiven Verstimmung, jedoch in Kombination mit Panikattacken (Rohde, 2004, S. 57-58).

Postpartale Psychosen erscheinen meist sehr unvermittelt, i.d.R. innerhalb der ersten Tage und Wochen nach der Entbindung. Eine derartige Psychose kann sich durch verschiedene Symptome äußern, die Zusammensetzung dieser verweist dann auf die Form der Psychose. Es kann sich z. B. um eine manische oder um eine schizophrene Psychose handeln. Häufige Krankheitssymptome sind eine verminderte Konzentrationsleistung, Wahnerinnerungen, also die Erinnerung an nicht existente Geschehnisse, Gedankenrasen, Verhaltens- und Gedankenauffälligkeiten manischer als auch depressiver Natur, Zwangsgedanken und -handlungen, suizidale Gedanken, somatische Symptome, Angstzustände als auch Halluzinationen und Wahnsymptome. Letztere beziehen sich für gewöhnlich auf das Kind, die Frau hört z. B. Stimmen, welche ihr Anweisungen hinsichtlich des Babys geben oder sie ist der Überzeugung, jemand wolle ihr ihr Kind nehmen. Das manische Verhalten äußert sich z. B. in einem geringen Schlafbedarf oder auch in Größenideen wie bspw. dem Glauben, bei dem eigenen Kind handle es sich um das

Jesuskind. Von einer Gefährdung des Kindes ist dann auszugehen, wenn die Mutter sich selbst fernab der Realität erlebt oder aber im Wahn Befehle imaginärer Stimmen empfängt. So kann diese z. B. aufgrund des Irrglaubens sie könne fliegen, gemeinsam mit ihrem Baby aus dem Fenster springen oder aber der Überzeugung sein, ihr Kind sei eine Ausgeburt des Bösen und müsse aufgehalten werden (Rohde, 2004, S. 58-60).

Die Behandlung variiert je nach Symptomatik. Hier wird als Grundlage für gewöhnlich eine medikamentöse Therapie unter Verwendung von Antipsychotika unternommen. Die Symptome nehmen unter Medikation i.d.R. rasch ab, müssen von der Patientin aber mindestens sechs Monate nach Minderung der Psychose eingenommen werden, um einem Rezidiv vorzubeugen. Wenn es sich bei der Psychose um die Ersterscheinung einer psychischen Störung handelt ist in den meisten Fällen von keiner langfristigen Störung auszugehen. Um sekundäre Erscheinungen der Erkrankung, nach Abklingen dieser, wie Unsicherheiten bzgl. der eigenen Fähigkeiten hinsichtlich des Kindes, aufzufangen, sollten weitere Maßnahmen eingeleitet werden. Hier kann z. B. eine Mutter-Kind-Therapie und / oder ein auf Gegenwart und Zukunft gerichtetes Psychotherapieverfahren angestrebt werden. Des Weiteren muss hier beachtet werden, dass eine Frau, welche eine postnatale Psychose erlitt, als besonders vulnerabel für weitere psychische Störungen gilt (Rohde, 2004, S. 61-62).

Im weiteren Verlauf dieser Arbeit werden unterschiedliche Methoden zur Behandlung psychischer Störungen dargestellt, dabei wird Bezug zu Schwangerschaft und / oder Stillzeit genommen. Ein besonderes Augenmerk soll auf Psychopharmakotherapie, Soziotherapie, Psychotherapie und im besonderen Maße auf die Kunsttherapie als kreative Psychotherapie gerichtet werden.

5 Therapiemaßnahmen

Bis Anfang des 20. Jahrhunderts stand der Mann im Fokus der medizinischen und psychotherapeutischen Forschung. Die hier erlangten wissenschaftlichen Resultate z. B. bzgl. der Medikamententherapie wurden ohne Umwege auf die Behandlung von Frauen projiziert. Da Frauen aber sowohl biologisch als auch soziokulturell andere Voraussetzungen mitbringen als Männer, wandelte sich die Wissenschaft zu einer geschlechtsspezifischen. Die Therapie der Frau variiert nun in vielen Gesichtspunkten, vor allem bzgl. medikamentöser Therapie, von der des Mannes (Wagner-Link, 2009, S. 7-10).

Die Hürden im Leben einer Frau, wie „hormonell assoziierte Beschwerden (z.B. im Zusammenhang mit (…) Veränderungen in Schwangerschaft und Stillzeit), [oder auch] psychische Störungen, die im Kontext von Familienplanung / Schwangerschaft / Geburt auftreten" bedürfen in fast allen Fällen einer angemessenen Therapie (Messinger, 2015, S. 97). Grundlage einer jeden Behandlungsmaßnahme sollte die umfassende Erhebung der persönlichen Krankheitsgeschichte in den Bereichen der Gynäkologie sowie der Psychiatrie sein (Messinger, 2015, S. 98). Je nach Ausmaß der psychischen Störung reicht das Behandlungsangebot bzw. der individuelle Behandlungsbedarf der Patientin von beratenden Gesprächen mit der behandelnden Ärztin / dem behandelnden Arzt und der Gynäkologin / dem Gynäkologen, über psychotherapeutische Interventionen, welche die betroffene Frau sowohl präventiv stärken als auch ihrem Leiden gezielt entgegenwirken, bis hin zur ambulanten und stationären Psychotherapie. Eine wichtige Voraussetzung bildet auf allen Ebenen eine effektive Vernetzung und Kommunikation zwischen den einzelnen, in den Behandlungsprozess eingebundenen, Leistungserbringerinnen / Leistungserbringern (Messinger, 2015, S. 97-103). Psychische Störungen von einem höheren Niveau werden häufig nach dem ‚bio-psycho-sozialen Modell', welches sich aus Psychopharmakotherapie, Psychotherapie, psychosozialen Therapien und in seltenen Fällen auch Hirnstimulationsverfahren zusammensetzt, therapiert. Die Behandlung ist dabei den Bedürfnissen der jeweiligen Patientin angepasst und muss nicht zwingend alle genannten Therapiestrategien einschließen (Herpertz, 2017, S. 51). Hirnstimulationsverfahren finden u.a. dann Einsatz, wenn Psychopharmakotherapie und Psychotherapie allein nicht die gewünschten Ergebnisse erzielen. Diese können z. B. bei Depressionen genutzt werden. Hier existieren unterschiedliche Verfahren, die Elektrokonvulsionstherapie (EKT) zeugt dabei von höchster nachgewiesener Wirksamkeit, die transkranielle Magnetstimulation (TMS) hat das höchste Maß an Evidenz inne (Plewina & Padberg, 2012, S. 1006-1008).

Zu den psychotherapeutischen Interventionen zählen u.a. die ‚Empathische Validierung und Normalisierung‘, die ‚Psychoedukation‘, das ‚Entspannungstraining‘, die ‚Ressourcenaktivierung‘ und ‚Kognitive Interventionen‘. Als Zielgruppe gelten hier in erster Linie solche Frauen, welche (noch) keine schwerwiegenderen psychischen Störungen aufweisen, die Interventionsmaßnahmen können an dieser Stelle als präventives Instrument verstanden werden. Die empathische Validierung und Normalisierung zielt in einem ersten Schritt darauf ab, seitens der Psychotherapeutin / dem Psychotherapeuten, der Ärztin / dem Arzt und ggf. auch der Angehörigen, der Lebenslage der Frau Akzeptanz und Verständnis entgegenzubringen, damit auch die Patientin ihre eigene Situation annehmen und somit bestenfalls eine Reduktion von Stress und Ängsten für diese erfolgen kann. Einen weiteren grundlegenden Baustein in der Behandlung einer minder psychisch erkrankten schwangeren Frau bildet die Psychoedukation. Der Gedanke hierbei ist, der bspw. an einer Anpassungsstörung, Depression oder einer Angststörung leidenden Frau durch Fallzahlen aufzuzeigen, dass diese in ihrer derzeitigen Lage nicht alleine ist, sie also keinen Einzelfall darstellt. Des Weiteren können der schwangeren Frau im Zuge der Psychoedukation auch Fakten zu Ihrer psychischen Störung vermittelt werden, um eventuelle Wissenslücken zu schließen und somit zu ihrem Sicherheitsgefühl beizutragen. Ein weiteres Element sind unterschiedliche Entspannungstechniken wie ‚Autogenes Training‘, ‚Progressive Muskelrelaxation‘ und ‚imaginative Verfahren‘. Diese nehmen besonders bei den verschiedenen Arten von Angststörungen einen hohen Stellenwert in der Behandlung ein, da sie einen günstigen Effekt bzgl. des körperlichen Spannungslevels, des subjektiv empfundenen Wohlergehens als auch auf die Selbstwahrnehmung der Person innehaben (Messinger, 2015, S. 97-101). Die verschiedenen Entspannungsverfahren werden zudem, aufgrund ihrer positiven Auswirkungen sowohl auf Physis als auch Psyche, parallel zur psychotherapeutischen Behandlung angeboten bzw. empfohlen. Das autogene Training erfordert eine gewisse Übung und ist aufgrund seines Schwierigkeitsgrades nicht die erste Wahl in akuten Lebenslagen. Inhalt dieser Übung ist das bewusste und intensive Einlassen auf die körpereigenen Vorgänge. Bei der progressiven Muskelrelaxation nach Jacobson werden einzelne Muskelgruppen abwechselnd angespannt und wieder entspannt mit dem Outcome der mentalen Entspannung. Die verschiedenen Imaginationsverfahren hingegen sollen negative imaginative Bilder z. B. in Folge einer Diagnosestellung durch positive Bilder, bspw. im Zuge einer Phantasiereise, ersetzen. Diese Technik eignet sich besonders gut in akuten Stresssituationen wie der Risikoschwangerschaft (Rohde & Dorn, 2007, S. 70-72). Eine weitere Komponente der psychotherapeutischen Interventionen ist die Ressourcenaktivierung. Wie der Name schon sagt, sollen in diesem Schritt vorhandene Ressourcen und Stärken der schwangeren Frau erörtert sowie gefördert werden. Zudem soll sie zur Ausübung ihrer Interessen wie bspw. einer sportlichen Aktivität oder auch zum Brunch mit ihrem Freundeskreis animiert werden. Kognitive Interventionen bilden den letzten Bauteil der präventiven Versorgung. Inhalt dieser ist die Umwandlung unerwünschter Geisteshaltungen und ist besonders dann sinnvoll, wenn die psychisch erkrankte Frau negative Gedanken und Gefühle gegen sich selbst, wie z.B. Versagens- oder Verlustängste, hegt. Sobald aber gravierende und komplexe psychische Störungen im Laufe dieser Interventionen erkannt oder bereits zu Beginn diagnostiziert werden, sollten weiterführende ambulante oder stationäre Therapiemaßnahmen wie die Psychotherapie angestrebt werden (Messinger, 2015, S. 100-101).

Neben der Psychotherapie ist auch die Psychopharmakotherapie ein bewährtes Mittel zur Behandlung psychischer Störungen, wie bspw. der Schizophrenie. Nicht unbegründet hegen viele Frauen in der Schwangerschaft Zweifel gegenüber dieser Behandlungsstrategie, sie befürchten negative Auswirkungen auf die Schwangerschaft und Gefahren für das ungeborene Kind. Auch Frauen, welche bereits vor der Schwangerschaft an einer psychischen Störung litten und sich auf Grund dessen einer Psychopharmakotherapie unterzogen, überlegen zum Wohle des Kindes diese abzusetzen. Um jedoch ein Rezidiv, also einen Rückfall der Patientin zu verhindern, ist es ratsam, im Falle eines hohen Risikos, nicht vollständig auf die Pharmakotherapie zu verzichten, sondern ein peripartales Management in Betracht zu ziehen (Meurers, 2015, S. 331-333). Im Rahmen dieses ist eine professionelle Nutzen-Risiko-Abwägung obligat, die möglichen negativen Konsequenzen der Psychopharmaka auf die Frau, den Schwangerschaftsverlauf und den Fetus müssen geringer ausfallen als die einer Nichtbehandlung der psychischen Störung (Riecher-Rössler & Heck, 2012, S. 69). Außerdem können hier Verhaltensregeln für die Peripartalzeit festgelegt werden. Innerhalb des Managementplans sollte zudem eine individuell auf die Patientin ausgerichtete Psycho- und Soziotherapie erfolgen (Meurers, 2015, S. 333).

Dennoch stellt die Arzneimittelversorgung in der Schwangerschaft auch für Expertinnen / Experten weiterhin eine schwierige Aufgabe dar, da das Forschungsfeld noch zu wenige Daten bereithält und Risiken nicht immer exakt abschätzbar sind (Schaefer, 2015, S. 351). Sicher ist aber, dass im Zuge jeglicher Psychopharmaka-Behandlung, welche sich bis zur Geburt des Kindes hin erstreckt, von einer mehr oder minder starken Form der Anpassungsstörung hinsichtlich des Säuglings ausgegangen werden muss. Diese kann u.a. das Atmungs- sowie das Verdauungssystem, aber auch die Schlafgewohnheiten des Neugeborenen betreffen. Ein besonderes Augenmerk muss hier den Präparaten Lithium und Benzodiazepine gewidmet werden, diese stellen ein signifikantes Risiko bzgl. des Kindswohles dar (Schaefer, 2015, S. 358). Gerade deswegen ist es wichtig, dass die behandelnde Ärztin / der behandelnde Arzt den Entschluss zur Psychopharmakotherapie partizipativ mit der Patientin und falls vorhanden, deren Lebenspartner/in gemeinsam trifft. Bei Schwangerschaftskomplikationen oder postpartal auftretenden Schwierigkeiten aufgrund der Entscheidung zur Arzneimitteltherapie liegt die Last demzufolge nicht allein auf den Schultern der Patientin, was ebenfalls eine Stressreduktion bedeutet (Kunze, 2015, S. 344-345).

In der Psychopharmakotherapie, welche hauptsächlich bei diffizilen mentalen Störungen eingesetzt wird, kann grob zwischen den Wirkstoffgruppen ‚Antidepressiva‘, ‚Antipsychotika‘, ‚Stimmungsstabilisatoren‘, ‚Sedativa‘ bzw. ‚Tranquilizer‘ und weiteren Stoffgattungen wie ‚Antidementiva‘ differenziert werden, wobei die ersten drei am häufigsten Anwendung finden. Antidepressiva werden primär bei depressiven Störungen sowie Angststörungen appliziert (Herpertz, 2017, S. 51-54). Diese führen für gewöhnlich zu keiner Abhängigkeit und weisen i.d.R. auch keine gesteigerte Gefahr der Teratogenität auf. Dennoch ist bei einer Schwangerschaft immer mit einem Risiko für das Neugeborene zu rechnen, weshalb eine Nutzen-Risiko-Abwägung unvermeidlich scheint. Für die Antidepressiva-Therapie wird sich bspw. entschieden, wenn sich die betroffene Frau aufgrund ihrer, ohne Medikation auftretender, Krankheitssymptomatik für einen Abbruch der Schwangerschaft ausspricht (Rohde & Dorn, 2007, S. 76-79). Antipsychotika, früher ausschließlich geläufig als Neuroleptika (Rohde & Dorn, 2007, S. 79), werden zur Bekämpfung von wahnhaften Zuständen, des Realitätsverlustes und Störungen des personalen Einheitserlebens verabreicht und finden überwiegend bei Patientinnen / Patienten mit einer schizophrenen oder schizoaffektiven Persönlichkeitsstruktur Einsatz (Herpertz, 2017, S. 52-53). Hier wird zwischen den atypischen und den typischen bzw. klassischen Neuroleptika unterschieden, wobei es überwiegend zum Einsatz der neueren, atypischen Neuroleptika, aufgrund geringerer Nebenwirkungen, kommt. Die klassischen Neuroleptika weisen ein hohes Gefahrenpotential auf, diese gehen nicht selten mit schwerwiegenden, teilweise unumkehrbaren Nebenwirkungen für die betroffene Frau einher. Auch bei den Antipsychotika wird eine Einnahme während Schwangerschaft und Stillzeit, trotz nicht nachgewiesener Teratogenität, nicht empfohlen. Dennoch muss auch hier eine Nutzen-Risiko-Abwägung erfolgen, wobei Patientinnen, welche Antipsychotika einnehmen, meist eine solche Schwere der psychischen Störung innehaben, dass diese ihr Baby ohnehin nicht stillen können (Rohde & Dorn, 2007, S. 80-82). Menschen mit einer bipolaren affektiven Störung bekommen Stimmungsstabilisatoren verschrieben, am häufigsten findet der Stabilisator ‚Lithium' Anwendung (Herpertz, 2017, S. 53; Rohde & Dorn, 2007, S. 82). Hier liegt gegensätzlich zu den zuvor aufgeführten Präparaten eine nachgewiesene Teratogenität vor, es kann u.a. zu Fehlbildungen und Frühgeburtlichkeit kommen. In der Stillzeit sollte insbesondere auf Lithium, aufgrund einer Gefahr zur Dehydratisierung des Neugeborenen, verzichtet werden. Besonders bei den Affektstabilisatoren zeigt sich die Nutzen-Risiko-Abwägung als ein besonders schweres Unterfangen, da ein Absetzen der Medikation folgenschwere Auswirkungen auf die Patientin, eine Beibehaltung der Medikation Schäden für den Embryo bedeuten kann. Falls möglich sollte während einer Schwangerschaft ein anderes Psychopharmakon herangezogen werden. Sollte dies jedoch nicht möglich sein, muss es zur frühzeitigen Behandlung der Frau durch Folsäure-Prophylaxe kommen (Rohde & Dorn, 2007, S. 82-83).

Auch psychosoziale Therapien sind Teil bzw. können Teil der Behandlung schwer psychisch erkrankter Menschen sein. Für diese liegen einige evidenzbasierte Behandlungsleitlinien vor, nach welchen von den behandelnden Ärztinnen / Ärzten vorgegangen werden sollte. „Die (…) Leitlinie der Deutschen Gesellschaft für Psychiatrie, Psychotherapie und Nervenheilkunde reiht sich in das Leitlinienprogramm der AWMF ein und basiert auf der Methodik der S3-Leitlinien, weist aber einige Besonderheiten auf." (DGPPN, 2013, S. 2). Diese Leitlinie setzt zunächst einige Grundlagen der Behandlung voraus. Hierzu gehört eine Beziehung zwischen Therapeut/in und Patient/in, welche auf Empowerment, also Selbstbefähigung der Patientin / des Patienten abzielt. Die traditionelle paternalistische Arzt-Patienten-Beziehung wird hier ausgeschlossen. Des Weiteren sollten innerhalb der psychosozialen Behandlung aktuelle wissenschaftliche Gegebenheiten bzgl. therapeutischer Milieus in der Vorgehensweise Anwendung finden. Auch die Erlaubnis zur Inanspruchnahme einer (Gruppen-)Therapie im ambulanten Setting gehört zu den grundlegenden Voraussetzungen der psychosozialen Therapie nach genannter Leitlinie. Die Behandlungsleitlinie unterteilt sich des Weiteren in System- und Einzelinterventionen. Die Systeminterventionen beinhalten zunächst die gemeindepsychiatrischen Versorgungsansätze, die auf eine wohnortnahe Behandlung verweisen und in einigen Fällen auch nach Hausbesuchen seitens der behandelnden Ärztin / des behandelnden Arztes verlangen (DGPPN, 2013, S. 16-17). Hierdurch soll zum einen die Behandlungsbeständigkeit gesichert werden, zum anderen wird hier der Ansatz *„ambulant vor stationär"* verfolgt (DGPPN, 2013, S.17). Weiterer Baustein der gemeindepsychiatrischen Versorgung ist das Case Management, welches jedoch nur in spezifisch ausgesuchten Fällen, wie bspw. bei psychisch Erkrankten mit besonders hohem Aufkommen stationärer Aufenthalte, Anwendung findet. Weiterführend gehören die Arbeitsrehabilitation sowie die Teilhabe am Arbeitsleben zu den Inhalten der Systemintervention. Hierzu zählen u.a. die Arbeitstherapie zum Zwecke der Eingliederung bzw. Wiedereingliederung in die Arbeitswelt, als auch, falls vorhanden, die Sicherung des Arbeitsplatzes. Letzten Gegenstand der Systemintervention bilden Wohnangebote für psychisch erkrankte Menschen, hier besonders das betreute Wohnen. Dieses sollte auf die Wahrung der Selbstständigkeit der / des Einzelnen abzielen und möglichst gemeindenah erfolgen, um das soziale Umfeld der / des Betroffenen zu wahren (DGPPN, 2013, S. 17-19). Bei den Einzelinterventionen dagegen wird auf die Wahrung sowie Förderung sozialer Fähigkeiten gesetzt. Hierzu zählen „Psychoedukative Interventionen für Betroffene und Angehörige, Peer-to-peer-Ansätze und [der] Trialog" zwischen Ärztin / Arzt, Patient/in und Angehörigen (DGPPN, 2013, S.19), wobei psychoedukative Interventionen auch bei den, zu Anfang dieses Kapitels beschriebenen, psychotherapeutischen Interventionen zur Therapie minder schwerer psychischer Erkrankungen eingesetzt werden. Einen weiteren Punkt bildet das Erlernen von Bewältigungsstrategien für Alltag und soziale Teilhabe bzgl. Selbstständigkeit in Beruf und Freizeit sowie auf gesellschaftlicher Ebene. Die im Training erlernten sozialen Fähigkeiten sollen von den Patientinnen / Patienten selbstständig auf den Alltag übertragen werden (DGPPN, 2013, S. 20-21). Weitere Einzelinterventionen im Rahmen der psychosozialen Interventionen sind die künstlerischen Therapien und die Ergotherapie. Diese sollten sinnvoll und an dem Bedarf der / des Einzelnen orientiert, in den Gesamtbehandlungsplan integriert werden (DGPPN, 2013, S. 21). Eine weitere Intervention ist die Sport- und Bewegungstherapie, welche vor allem bei schizophrenen und in einigen Fällen auch bei depressiven Patientinnen / Patienten eingesetzt werden sollte. Hier ist zudem die feste Einbindung der sportlichen Aktivität in den Alltag von hoher Bedeutung. Übrige Interventionen sind die Selbsthilfe sowie vergleichbare Konzepte sowohl für Betroffene als auch für Angehörige, welche u.a. das Selbstmanagement und auch die Akzeptanz der gegenwärtigen Situation als Ergebnis anvisieren (DGPPN, 2013, S. 22-23).

In stationären Einrichtungen kann sich die Therapie aus verschiedenen Komponenten, wie bspw. der Pharmakotherapie und der Psychotherapie zusammensetzen. Der Therapieplan ergibt sich hier aus Schweregrad und Natur der psychischen Störung und dem vorherrschenden Therapieangebot der Einrichtung. Jede dieser Therapiemaßnahmen setzt sich dabei eigene Ziele, die die Therapeutin / der Therapeut gemeinsam mit ihrer/m / seiner/m Patientin / Patienten erreichen möchte. Diese Ziele sind neben dem Aufbau einer konstanten therapeutischen Beziehung zwischen den Selbigen auch die auf die Patientin / den Patienten individuell ausgerichtete Therapiemethode und hierauf aufbauend die Entwicklung und Erreichung vorher definierter Ziele (Steinbauer & Taucher, 1997, S. 5).

5.1 Psychotherapie

„Die psychotherapeutische Unterstützung fokussiert (...) [im Rahmen der Peripartalzeit] allgemein darauf, betroffene Frauen für ihre individuellen Risikofaktoren und Frühwarnsymptome zu sensibilisieren und möglichst konkrete Umgangsweisen zu erarbeiten." (Meurers, 2015, S. 338).

Die Gesetzliche Krankenversicherung (GKV) in Deutschland teilt die Gelder für die psychotherapeutische Behandlung mentaler Störungen nach den derzeit anerkannten Richtlinienverfahren zu. Finanziert werden die kognitive Verhaltenstherapie, die tiefenpsychologisch fundierte Psychotherapie und die Psychoanalyse. Für einige Störungsbilder, darunter „affektive Erkrankungen, (...) Angststörungen, (...) Persönlichkeitsstörungen, (...) Suchterkrankungen sowie (...) psychotische(..) Erkrankungen und Essstörungen", liegen zudem bereits wissenschaftlich verifizierte Psychotherapieabläufe bzw. -methoden vor (Herpertz, 2017, S. 54-55). Es existieren zudem zahlreiche weitere Psychotherapie-Ansätze, an denen sich die gesetzlich anerkannten Psychotherapieverfahren einzelner Bauteile bedienen. Hier sind u.a. die ‚Interpersonelle Psychotherapie', die ‚Traumatherapie', die ‚Gesprächspsychotherapie', die ‚Systemische Therapie' sowie die ‚Hypnotherapie' zu nennen (Rohde & Dorn, 2007, S. 64-70). Die Zeitspanne einer Therapie, welche i.d.R. zwischen 25 und 300 Stunden variiert, ist abhängig von dem individuellen Erkrankungsgrad sowie der gewählten Behandlungsform (Herpertz, 2017, S. 54). Zudem kommt es auch in der klassischen Psychotherapie immer wieder zur Einbindung künstlerischer Arbeiten durch die Patientin / den Patienten. So kann diese/r bspw. ein selbstgemaltes Bild oder eine Collage mit in die Therapiestunde bringen, da sie / er sich z. B. besser durch ein Medium ausdrücken kann oder unter einer Sprachstörung leidet (Schmeer, 1997, S. 187).

Die Verhaltenstherapie findet in erster Linie bei affektiven Störungen, wie z. B. Angststörungen, Einsatz (Northoff, 2013 & 2015, S. 21). Sie erfordert eine hohe Compliance der Patientin / des Patienten. Hier steht die Realmachung und bewusste Modifikation der eigenen Wahrnehmung im Fokus. Der Einsatz der in der Therapie erlernten Problemlösungsverfahren soll von der Klientin / dem Klienten auch im Alltag erfolgen und durch Wiederholung gefestigt werden (Herpertz, 2017, S. 54-55). Ein erster Schritt der Therapie ist die Identifikation der Umstände, welche das schädliche Verhalten und / oder die schädlichen Gedanken hervorgerufen haben, im zweiten Schritt wird genanntes unerwünschtes Verhaltens- und Gedankengut durch Training gezielt gewandelt. Die Verhaltenstherapie hält verschiedene Vorgehensweisen parat, darunter u.a. die Reizexposition und die systemische Desensibilisierung. Ziel dieser Methoden ist es, durch die geplante Konfrontation der Klientin / des Klienten mit deren / dessen Ängsten, dieser / diesem die bereichernde Erfahrung zu geben, dass ihre / seine Sorgen unbegründet sind und dass eine Reduktion der Ängste erfolgt, wenn sie / er sich diesen stellt. Die Therapie kann entweder unter realen Lebensbedingungen erfolgen, oder aber sich in Gedanken abspielen. Während die Patientin / der Patient bei der Reizexposition direkt der höchsten Stufe ihrer / seiner Angst ausgesetzt wird, kommt es bei der Desensibilisierung stufenweise zu einer Erhöhung des Angstlevels. Des Weiteren werden auch die kognitive Therapie, welche eine Modifikation von negativen Gedanken anvisiert, sowie euthyme Therapiestrategien, welche auf den positiven Effekt ausgleichender Ressourcen setzen, zu der Verhaltenstherapie gezählt (Rohde & Dorn, 2007, S. 64-67).

In der Tiefenpsychologie zentriert sich die Aufmerksamkeit auf negative bzw. unverarbeitete Erlebnisse aus der Vergangenheit der Klientin / des Klienten, welche als Grund für gegenwärtige Beschwerden und Symptome angesehen werden. Ziele dieses Psychotherapieverfahrens sind, neben der Verhaltensmodifikation, eine positive Veränderung in subjektivem Befinden und in der Wahrnehmung des Selbst. Die Störbilder werden i.d.R. in 25 bis 40 Sitzungen identifiziert und therapiert (Rohde & Dorn, 2007, S. 67-68).

Auch in der Psychoanalyse wird gegensätzlich zur Verhaltenstherapie das bereits Erlebte thematisiert. Nach Sigmund Freud liegen die inneren Konflikte des Menschen in dessen Kindheit begründet, diese werden im Rahmen der Psychoanalyse oft über einen jahrelangen Prozess hinweg, in Bezugnahme zur Gesamtstruktur der Person, analysiert und behandelt (Rohde & Dorn, 2007, S. 68). Betrachtet man hier die Geeignetheit der Psychoanalyse bzgl. der Therapie einer psychisch erkrankten Schwangeren, erscheint diese aufgrund der Kombination des hohen Zeitaufwandes dieser Therapie und der akuten Lebenslage als eher nicht geeignet.

Die Interpersonelle Therapie, kurz IPT, wird zur Behandlung von depressiven Störungen herangezogen. Es wird davon ausgegangen, dass die Quelle der Störung primär in interpersonellen Begegnungen und Konflikten zu verorten ist (Rohde & Dorn, 2007, S. 68). „Aber auch die Rolle von genetischen, biochemischen, entwicklungsbezogenen oder persönlichkeitsbezogenen Vulnerabilitätsfaktoren oder anderen Auslösern wird anerkannt." (Schramm, 1998, S. 6). Therapeut/in und Patent/in erörtern dazu zu Beginn der Therapie partizipativ den, der Depression zugrundeliegenden, thematischen Kern, dies kann z. B. Trauer bspw. in Folge einer Fehlgeburt oder ein zwischenmenschlicher Konflikt sein (Rohde & Dorn, 2007, S. 68).

Ein weiteres psychotherapeutisches Verfahren ist die Gesprächspsychotherapie, diese wird häufig in Kombination mit anderen Strategien eingesetzt. Charakteristisch für diese Methode ist die nichtdirektive Vorgehensweise der Therapeutin / des Therapeuten. Durch die Erarbeitung der Emotionen der Patientin / des Patienten als Reaktion auf bestimmte soziale Interaktionen sowie in Bezug zu ihrem / seinem Selbstbild, sollen negative Gefühle aufgehoben und positive Gefühle gefördert werden (Rohde & Dorn, 2007, S. 69). Die Gesprächspsychotherapie, auch als klientenzentrierte und personenzentrierte Psychotherapie geläufig, lehnt ein rein biologisches Menschenbild ab, der Mensch wird hier als selbstbestimmtes und freies Individuum betrachtet. Neben der Eliminierung von Krankheitssymptomen sind die Therapieziele hauptsächlich in dem Erlernen bzw. dem Wiedererlangen eines positiven Selbstwertgefühls und in Folge dessen auch in der Fähigkeit, intakte interpersonelle Beziehungen führen zu können, zu verorten (Finke, 2004, S. 1-2).

In der systemischen Therapie erfolgt die Behandlung gemeinsam mit der Klientin / dem Klienten und deren / dessen Familie bzw. Partner/in. Krankheitsursachen werden auf Unstimmigkeiten in diesen Beziehungsgeflechten zurückverfolgt. In anderen Psychotherapieverfahren wird der Kerngedanke der systemischen Therapie z. B. durch Inbezugnahme auf Familie und / oder Beziehung im Zuge des Gesprächs integriert (Rohde & Dorn, 2007, S. 69).

Die Hypnotherapie bzw. Hypnose setzt das Mitwirken der Klientin / des Klienten und eine auf Vertrauen basierende Beziehung zwischen dieser / diesem und der Therapeutin / dem Therapeuten voraus. Der durch die Hypnose erreichte Zustand befähigt die Patientin / den Patienten dazu, auf eine tiefere versteckte Ebene ihres / seines Bewusstseins zuzugreifen. Auf diese Weise werden dieser / diesem neue Möglichkeiten zur Problemerkenntnis und -bewältigung eröffnet (Rohde & Dorn, 2007, S. 70).

5.2 Klient-zentrierte Kunsttherapie als kreative Psychotherapie

Die Kunsttherapie kann als eine Form der Psychotherapie verstanden werden, welche durch das Phänomen ‚Kunst' erweitert wird und somit über die überwiegend verbale Methodik hinausgeht: Das Bild fungiert hier als Mittel der Ausdrucksform (Schmeer, 1997, S. 187-189). Die Therapieform „Kunsttherapie" nutzt die klassischen Therapiestrategien, wie sie auch in der Psychotherapie angewendet werden, und ergänzt diese um die Vorteile des künstlerischen Gestaltungsprozesses. Zu den generellen Therapiecharakteristika, wie sie auch in anderen Behandlungsformen zu finden sind, zählen die Heilungssuggestion, bildhafte Vorstellungen, Kindheitserinnerungen, Emotionen sowie die damit assoziierte Einsicht der Patientin / des Patienten. Die Heilungssuggestion setzt auf den sog. Placeboeffekt, also die gezielte Manipulation des menschlichen Bewusstseins ohne Einsatz chemischer Wirkstoffe. Die psychisch erkrankte Patientin / Der psychisch erkrankte Patient hat bspw. durch die positive Einschätzung seitens der Therapeutin / des Therapeuten bzgl. der Schnelle des Besserungspotentials des mentalen Zustandes der Klientin / des Klienten oder auch durch einen hohen Bekanntheitsgrad der Therapeutin / des Therapeuten, ein größeres Heilungsvertrauen. In Bezugnahme zur Kunsttherapie entsteht dieses Vertrauen auf Heilung durch die gestalterische Aktivität selbst. Einen weiteren Grundstein fast aller Therapieformen stellen die bildhaften Vorstellungen dar. Die Therapeutin / Der Therapeut arbeitet mit der imaginären Vorstellungskraft der Patientin / des Patienten. Diese/r kann bspw. in Trance versetzt werden, in diesem Zustand werden dann deren / dessen negative Erlebnisse und Gedanken durch positive, neue Bilder ersetzt. Ähnlich arbeitet auch die Kunsttherapie, die bildhaften Vorstellungen werden hier ohne Umwege aufs Papier gebracht (Schuster, 1986, S. 12-17 & S. 21). Um hier identifizierte Konflikte zu verarbeiten bzw. neu zu ordnen, kann die Patientin / der Patient z. B. dazu aufgefordert werden, ihre / seine innere Gefangenschaft zu lösen, indem sie / er das Bild auf einem weiteren leeren Blatt fortsetzt.

Die / Der Klient/in hat nun die Möglichkeit, dem zuvor verbildlichten Konflikt eine Lösung folgen zu lassen, im Zuge dessen wird z. B. von negativen Gefühlen abgelassen (Schmeer, 1997, S. 191). Ein weiteres grundlegendes Element jeder Therapie sind die Kindheitserinnerungen, diese nehmen meist eine entscheidende Rolle in den Erfahrungen und Ängsten eines sich in der Behandlung befindenden Menschen ein. Ziel soll es sein, die Ängste aus der Kindheit von den temporären Sorgen zu differenzieren und weitergehend alte Bewältigungsstrategien aufzubrechen und gemeinsam alternative Methoden zu entwickeln. Auch in der Kunsttherapie werden Erinnerungen aus der Kindheit häufig thematisiert, hier in Form des entstandenen Mediums. Zudem werden durch die künstlerische Betätigung nicht selten Gefühle aus der Kindheit hervorgerufen. Entscheidende Komponenten einer Therapie sind weitergehend die Emotionen sowie deren bewusste Wahrnehmung durch die Klientin / den Klienten. Wichtig ist hier, dass die / der Betroffene lernt, vorhandene negative Gefühle zuzulassen und effektiv zu verarbeiten. Hier können neue Strategien zur Emotionsverarbeitung entwickelt werden sowie die Konsequenzen eines schädigenden bzw. verdrängenden Verhaltens der Patientin / dem Patienten bewusstgemacht werden. Es ist wichtig, dass die Therapeutin / der Therapeut die Emotionen ihres / seines Gegenübers ohne Wertung aufzunehmen vermag. Gerade in der Kunsttherapie werden Emotionen im Zuge des ästhetischen Prozesses freigesetzt. Zu den eigenen Gedanken und Assoziationen der Patientin / des Patienten bzgl. ihres / seines (End-)Produktes können negative Erfahrungen, Gedanken und Gefühle dieser / dieses nun gezielt aufgearbeitet werden. Die Art der Deutung dieses Mediums ist der Therapeutin / dem Therapeuten frei überlassen, diese/r kann bspw. Strategien der Gesprächsanalyse oder der Psychoanalyse anwenden (Schuster, 1986, S. 18-20 & S. 22). Elemente der Deutung des Mediums können die Findung der Rolle des ‚Ichs' und des emotionalen Fixierungspunktes im Gemälde, die Übertragung der Elemente im Bild bzgl. ihrer Relation untereinander oder der Übertragung eines Bildgegenstandes auf die Therapeutin / den Therapeuten sein. Weiteres Element ist die, durch die Therapeutin / den Therapeuten stattfindende, Gegenübertragung von Elementen im Bild auf ihre / seine eigene Vorgeschichte. Dies kann als Gefahr gesehen werden, wenn die / der Therapeut/in unbewusst eigene Erlebnisse mit denen der Klientin / des Klienten assoziiert. Die Gegenübertragung wird aber i.d.R. als etwas Positives verstanden, solange die/der Therapeut/in im Zuge ihrer / seiner Ausbildung an einer Selbsterfahrungsgruppe teilgenommen hat. Übrige klassische Elemente sind der Widerstand, welcher sich meist gegen den Fixierungspunkt im Bild richtet und aufgebrochen werden soll, sowie persönliche

Ressourcen, welche ebenfalls im entstandenen Medium der Patientin / des Patienten zu finden sind (Schmeer, 1997, S. 190-192). Die Kunsttherapie beinhaltet demnach alle wichtigen Bestandteile einer erfolgsversprechenden Behandlung mental gestörter Menschen und bereichert die Therapie durch den Einsatz künstlerischer Prozesse. Der Schaffungsprozess „spricht (...) die gesunden Teile der Person an; es kann etwas geschaffen werden, das Schaffen allein wird schon zur Metapher für eine seelische Heilung." (Schuster, 1986, S. 23).

Die Kunsttherapie als nonverbale Behandlungsstrategie steht verbalen Therapiemaßnahmen wie der Psychotherapie gegenüber. Hier dreht sich alles um den persönlichen künstlerischen Ausdruck der / des Einzelnen, die / der Patient/in kann u.a. durch Zeichnen, Malen oder auch Collagieren ihren / seinen Gefühlen Ausdruck verleihen und somit unter Umständen Geschehnisse und Emotionen ausdrücken bzw. verarbeiten, welche diese/r mit Worten nicht zu sagen vermag (Menzen, 1984, S. 25-27). Auf diese Weise kann die / der Patient/in die für ihren / seinen psychisch instabilen Zustand wertvolle Erfahrung machen, sich selbst Ausdruck verleihen zu können (Bäuml & Martius, 2005, S. 51-52). Das entstandene Medium spiegelt demnach die gegenwärtige Verfassung der Patientin / des Patienten wider (von Spreti, 2005a, S. 294).

In der Berufsbezeichnung der Kunsttherapeutin / des Kunsttherapeuten finden gleichermaßen der Begriff ‚Kunst' als auch die Begriffe ‚Therapie' und ‚Psychologie' Bedeutung. Hierbei ist zu beachten, dass nicht die Kunst selbst den Bezug zur Therapie schafft, sondern der künstlerische Prozess als Bindeglied auftritt. Im Zuge dieses ästhetischen Vorganges durch Nutzung von Farbe und weiterer Materialien kann die Patientin / der Patient ihre / seine versteckte Gefühls- sowie Erfahrungswelt in Form des geschaffenen Zwischenmediums widerspiegeln, ohne dabei selbstständig die für sie / ihn nicht zugänglichen und unbewussten Wünsche und Emotionen erarbeiten zu müssen. Durch diese partiell distanzierte Methode können Aufgeschlossenheit und Beziehung zwischen Therapeut/in und Patient/in gleichermaßen ermöglicht werden und die / der Therapeut/in erhält somit weitergehend die Gelegenheit, sich in die Rolle ihres / seines Gegenübers hinein zu fühlen, um dieser / diesem durch in Hilfenahme von eigen erlernten Kompetenzen und Erlebnissen sowie Nächstenliebe, kompetente Hilfe offerieren zu können. An dieser Stelle ist seitens der Therapeutin / des Therapeuten ein gesundes Gleichgewicht von dem Zulassen ihrer / seiner Gefühle und der Kontrolle über die Therapiemaßnahme unabdingbar. Des Weiteren muss die / der Therapeut/in in der Lage sein, sich hinsichtlich der Therapie zumindest partiell von der

Vorstellung der Kunst als Kulturgegenstand zu lösen. Die Fähigkeit zur Empathie sowie die Wertschätzung des Individuums sollte die Begeisterung für Wissen und Kunst übertreffen (Hartwig, 1984, S. 17-19). Die Intention der künstlerischen Gestaltung durch die Patientin / den Patienten ist demnach nicht das Endprodukt als Kunstobjekt, sondern eine Hervorbringung der Lebensbejahung durch den kreativen Prozess zugunsten des Gesundheitszustandes (Schuster, 1986, S.11), sowie die (Wieder-)Erlangung der Fähigkeit, sich selber mitteilen zu können. Weitere Ziele sind der Aufbau persönlicher Schutzfaktoren, ein gesteigertes Selbstwertgefühl sowie die Entstehung neuer Lernprozesse bzgl. der Problembewältigung (Sutner, Fichter & Leibl, 2007, S. 48). In der Kunsttherapie, ebenso wie in allen anderen Teilen des Gesamtbehandlungsplans, ist der Austausch zwischen der Kunsttherapeutin / dem Kunsttherapeuten und den weiteren, in den Heilungsprozess der Patientin / des Patienten eingebundenen, Ärztinnen / Ärzten, Pflegekräften und Therapeutinnen / Therapeuten ein wichtiges Element für eine erfolgreiche Heilung bzw. Besserung. Die entstandenen Werke sollten für alle, in den Therapieprozess eingebundenen, Leistungserbringer/innen aus Therapiezwecken frei zugänglich sein (von Spreti, 2005a, S. 294).

Die / Der Therapeut/in hat im Zuge der Therapiesitzungen die Möglichkeit, ihre / seine Patientinnen / Patienten in dem Schaffungsprozess unterstützend zu begleiten, um ggf. anschließend mit diesen über Prozess und Geschaffenes ins Gespräch zu kommen. Aber auch aus dem Gestaltungsprozess an sich sowie anhand des geschaffenen Mediums sollte die / der Therapeut/in Botschaften herausfiltern können. Auf diese Weise können sowohl Psychosen als auch Neurosen[8] in ihrer Starrheit gelockert werden. Im Zuge der Kunsttherapie können beide genannten Formen psychischer Störungen therapiert werden. Während Neurosen nur durch bspw. spezifische Verhaltensstörungen die Patientin / den Patienten in ihrem / seinem Ausdrucksvermögen hemmen, zielen Psychosen auf die ganze Wahrnehmung des Menschen ab, dieser bildet sich seine eigene Realität. Beide Störungsformen spiegeln sich auch in den Werken der psychisch Erkrankten wider. Hier ist es nun die Aufgabe der Therapeutin / des Therapeuten, dem psychotischen Menschen dabei zu helfen, zurück zu festen Strukturen zu finden bzw. diese neu auf-

---

8   Es handelt sich hierbei um einen überholten Terminus. Mit einer Neurose wird eine psychische Störung gemeint, welche durch einen Konflikt verursacht wurde und keine organische Ursache aufweist. Im Gegensatz zur Psychose ist ein Realitätsverlust hier ausgeschlossen (Pschyrembel Klinisches Wörterbuch 2014, 2013, S. 1486)

zubauen sowie den neurotischen Menschen dahingehend zu unterstützen, dass dieser die Möglichkeit hat, seine unterdrückten Gefühle und Wünsche zuzulassen. Während bei den Werken der neurotischen Menschen partieller Deutungsbedarf seitens der Kunsttherapeutin / des Kunsttherapeuten gefordert ist, wird bei psychotischen Menschen fast ausschließlich auf den Aufbau neuer Ankerpunkte für diesen gesetzt. Die Werke können insofern interpretiert werden, welche Materialien von der Patientin / dem Patienten auf welche Weise eingesetzt wurden. Je nach Einsatz dieser Materialien bspw. bzgl. der Dicke der Farbe oder auch der Formgebung, drückt die / der jeweilige Patient/in ihre / seine persönliche Gefühlswelt aus. An dieser Stelle entsteht der Kontakt zwischen künstlerischer Substanz und mentaler Störung, da genannte Substanz anstelle der inneren Auseinandersetzung tritt (Menzen, 1984, S. 25-27).

Zudem kann, falls die spezifische/n mentale/n Erkrankung/en noch nicht diagnostiziert wurde/n, im Zuge der Kunsttherapie die Strapazierfähigkeit der Patientinnen / Patienten beobachtet werden, sowie das Krankheitsbild genau diagnostiziert und die Therapie in allen Bereichen optimal auf die / den Betroffene/n abgestimmt werden. Die Intensivität der aktiven Teilnahme an der Therapie, die verbalen Äußerungen und vor allem die Gestaltungen an sich geben vieles über Krankheitsbild und / oder innere Konflikte preis. Menschen mit einer Schizophrenie bspw. kreieren häufig Werke unrealistisch veränderter Gesichter und Körper (Rentrop, 2005, S. 305). Gerade für Patientinnen / Patienten mit einer schizophrenen Psychose erscheint die Kunsttherapie als Behandlungsstrategie besonders sinnvoll. Diese kann, vor allem während der Akutphase der Psychose, als Bindeglied zwischen Wirklichkeit und Wahnwelt fungieren. Durch den Prozess der künstlerischen Betätigung der Patientin / des Patienten sowie das entstandene Medium kann eine Reduktion der Abgrenzung dieser / dieses zur Realität erreicht werden. Das Objekt dient hier zugleich als Brücke, da es „dem Unbegreiflichen der Psychose einen Aspekt des „Begreifens"" zuspricht, aber auch als Distanzhalter zwischen Therapeut/in und Patient/in. Zusätzlich kann die / der Patient/in durch das entstandene Objekt bzw. Bild Anerkennung von Außenstehenden erfahren und somit ein Stück Sicherheit erlangen (von Spreti, 2005, S. 64).

Im weiteren Verlauf dieses Kapitels wird speziell auf das Setting in der Kunsttherapie eingegangen, welches eine entscheidende Funktion und eine hohe Bedeutung im Therapieprozess einnimmt. Anschließend wird die Kunsttherapie im Zusammenhang mit der (Risiko-)Schwangerschaft dargestellt und Besonderheiten sowie Vorzüge dieser Therapiestrategie im Rahmen dieses Lebensabschnittes werden genannt.

5.2.1 Setting in der Kunsttherapie

Das Setting bzw. die strukturellen Gegebenheiten spielen in der Kunsttherapie eine herausragende und wichtige Rolle, diese können nach den Bereichen ‚Zeit‘, ‚Raum‘ und ‚Material‘ sortiert werden (Dreifuss-Kattan, 1986, S.14-15). Des Weiteren wird hier für gewöhnlich zwischen dem Setting der Akutstation und dem der Tagesklinik unterschieden, (von Spreti, 2005a, S. 293; Wiethüchter & Frieß, 2005, S. 309) die Therapie kann aber auch im ambulanten Setting oder in Form eines offenen Ateliers erfolgen (Lindner, 2005, S. 327; von Spreti, 2005b, S. 317). Aufgrund der Verbindung von Schwangerschaft und psychischer Störung, was eine Risikoschwangerschaft bedeuten kann, wird sich im Folgenden aber verstärkt auf die stationäre Versorgung konzentriert. Das Setting der Akutstation und das der Tagesklinik werden, beginnend mit dem der Akutstation, im Weiteren vorgestellt:

Bei einer psychiatrischen Akutstation handelt es sich i.d.R. um eine geschlossene Krankenstation. Hier sind vor allem solche Patientinnen / Patienten zu verorten, welche entweder für sich selber oder andere Personen eine Gefahr darstellen, einen hohen Schweregrad bzgl. ihrer psychischen Störung innehaben, oder aber, z. B. aufgrund einer (Risiko-)Schwangerschaft, ein besonderes Maß an Pflege und Betreuung erfordern. Innerhalb der Akutstation wird zudem in einigen Fällen nach spezifischen Störungsbildern separiert, so sind bspw. Patientinnen / Patienten mit Suchterkrankung und forensisch-psychiatrische Patientinnen / Patienten zumeist auf einer getrennten Station untergebracht (Rentrop, 2005, S. 303).

Die Räumlichkeiten der Kunsttherapie haben eine wichtige Funktion für den Erfolg einer angesetzten Kunsttherapie inne. Es ist von Vorteil, wenn diese möglichst offen gestaltet sind und keine Türen diese von dem umliegenden Ambiente abgrenzen bzw. verschließen. Die Atmosphäre ist demnach von Freiheit und Freiwilligkeit geprägt und spricht den Patientinnen / Patienten bzw. potentiellen Patientinnen / Patienten eine gewisse Sicherheit zu. Zudem haben Außenstehende wie z. B. behandelnde Ärztinnen / Ärzte die Möglichkeit, sich einen Eindruck der therapeutischen Vorgänge und der Verfassung der Patientinnen / Patienten zu verschaffen. Der Grad der Anwesenheit der / des Einzelnen ist je nach spezifischem Therapiepunkt und Schweregrad der psychischen Störung der / des Betroffenen definiert. Einige schauen vorerst nur von außen zu, bis diese mehr

Schutz empfinden, andere sind während der Therapiestunden bereits inaktiv anwesend, andere wiederum nehmen aktiv an der Kunsttherapie teil. Diese Präsenzstruktur verweist meist auf die Schwere der psychischen Störung, je weiter der Heilungsprozess fortgeschritten ist, desto mehr bringt sich die Patientin / der Patient i.d.R. in die Sitzung ein. Zudem empfinden einige Kursteilnehmer/innen eine größere Therapiegruppe aufgrund der Anonymität der Masse als geborgen und beruhigend, einige dagegen entscheiden sich für einen, extra dafür eingerichteten, abgeschiedenen und privateren Platz, von welchem aus sie jedoch einen Blick auf die Gruppe und die Unterstützung der Therapeutin / des Therapeuten beanspruchen können. Diese abgelegenen Plätze finden immer Besetzer/innen, welche jedoch, nachdem diese den Mut gefasst haben, sich zur Gruppe zu gesellen, immer neue Personen, darunter häufig Neulinge, welche diese in Anspruch nehmen, finden. Auf diese Weise entsteht ein, von den Fortschritten der Patientinnen / Patienten geprägter, immer fortwährender Kreislauf innerhalb der Sitzordnung (von Spreti, 2005a, S. 294-295).

Der typische tägliche Ablauf der Therapiesitzung in einer stationären Akutstation kann z. B. wie folgt beschrieben verlaufen: Zu Beginn der Sitzung erfolgt ein gemeinsames Gespräch über vom Vortag bis dato durchlebte Gefühle und Erlebnisse zwischen Therapeut/in und den Gruppenteilnehmerinnen / Gruppenteilnehmern. Darauffolgend wird gemeinsam ein Gestaltungsinhalt entwickelt, welcher an besagtem Tag bearbeitet werden soll. Falls aufgrund von bspw. Antriebslosigkeit seitens der Patientinnen / Patienten kein geeignetes Themenfeld zustande kommt, ist es Aufgabe der Kunsttherapeutin / des Kunsttherapeuten, ein adäquates Thema vorzugeben. Dieses sollte möglichst an der derzeitigen Emotions- und Erlebniswelt der Patientinnen / Patienten orientiert sein oder an die Themen der vorherigen Sitzungen anschließen. Bei einem akuten Therapiebedarf einer Patientin / eines Patienten kann auch zu Gunsten dieser / dieses der Bildinhalt für die gesamte Gruppe entsprechend ihren / seinen Bedürfnissen gewählt werden. Nach dem Erstellungsprozess können die Bilder an den Wänden durch die Patientinnen / Patienten strukturiert angeordnet und aufgehängt werden. Hier wird nach dem Prinzip vorgegangen, dass jede/r Patient/in ihr / sein Bild selber anordnet, bis diese/r Zufriedenheit bzgl. der Position des Werkes empfindet. Diesem Schritt im Therapieprozess kommt eine besondere Bedeutung zu, da die Erfahrung der Integration in ein Ganzes, als eine beruhigende und stärkende Erfahrung für die Patientinnen / Patienten dient und von diesen auf ihr späteres soziales Leben angewendet werden kann und sollte. In einem nächsten Schritt werden die entstandenen Medien durch die Therapeutin / den Therapeuten in einer geordneten Vorgehensweise analysiert und besprochen. Daraufhin kommt auch den Patientinnen / Patienten eine aktive Rolle zu, diese suchen sich nacheinander eines der Werke aus, welches nicht zwangsläufig das Eigene sein muss und sprechen dabei über ihr Empfinden und ihre Gedanken bei Betrachtung des Werkes. Dies hat mehrere Vorzüge: Zum einen erfordert es weniger Überwindung über das Bild eines anderen Menschen zu sprechen, zum anderen machen sie die positive Erfahrung, dass andere Personen ihren eigenen Problemen Beachtung schenken. Außerdem erwächst durch die Interpretation anderer Bilder ein zuvor verlorengegangenes Empathievermögen, die Isolation zur Außenwelt wird Stück für Stück aufgerissen (von Spreti, 2005a, S. 296-297). In der gesamten Kunsttherapiesitzung sollte die Kunsttherapeutin / „der Kunsttherapeut diese heterogene Gruppe so wenig wie möglich und so viel wie nötig" steuern (von Spreti, 2005a, S. 297). Bei bspw. einer manischen Patientin / einem manischen Patienten und deren / dessen unstillbaren Bedürfnis sich mitzuteilen, muss die / der Therapeut/in bremsend eingreifen. Wenn aber z. B. ein/e schizophrene/r Patient/in dem nüchternen Bild einer depressiven Patientin / eines depressiven Patienten etwas Positives zuspricht oder andersherum ein/e depressive/r Patient/in das wahnhafte Gemälde einer schizophrenen Patientin / eines schizophrenen Patienten metaphorisch deutet, kann dies sehr fördernd für den individuellen Therapiefortschritt der / des Einzelnen sein (von Spreti, 2005a, S. 297):

> „Über die ihn selbst erschreckende fragmentierte Selbstbildgestaltung eines unter
> schweren Verfolgungsängsten leidenden schizophrenen jungen Mannes (...) bekam
> dieser von einer depressiven älteren Mitpatientin folgende stärkende Rückmeldung:
> „Das ist eine Maske, die hast du zur Sicherheit angelegt, damit deine Feinde dich
> nicht gleich erkennen können. Aber die Feinde werden sich zurückziehen, dann
> brauchst du die Maske nicht mehr, und du kannst dein wahres, gutes Gesicht zeigen""
> (von Spreti, 2005a, S. 297). (siehe Abb. 2)

Abbildung 2, "Maske", (von Spreti, 2005a, S. 298)

Des Weiteren kann die Kunsttherapie auch als Einzeltherapie erfolgen, was bei einigen Patientinnen / Patienten einen Vorteil bedeuten kann. Bei z. B. einer schizophrenen Patientin / einem schizophrenen Patienten in der akuten Phase ihrer / seiner psychischen Störung ist aber i.d.R. die Gruppentherapie vorzuziehen, die Einzeltherapie wird hier zumeist als eine Gefahr empfunden (von Spreti, 2005a, S. 298).

Elementares Element im Therapieprozess ist das Gestaltungsthema, dieses ermöglicht den psychisch Erkrankten eine temporäre Loslösung von ihrer derzeitigen Realitätswahrnehmung. Durch dieses kann nicht nur die / der Kunsttherapeut/in den Zustand der Patientin / des Patienten deuten und therapieren, auch innerhalb der Gruppe können Verbindungen zwischen den Teilnehmenden geschaffen und Anregungen hervorgebracht werden. Das Gestaltungsthema kennt kaum Grenzen, hier kann ein simples Thema wie ein Baum, ein Haus, ein Weg, das Wasser gewählt werden, aber auch eine bestimmte Farbe oder ein Farbverlauf. Ein Haus bspw. kann von den Patientinnen / Patienten auf verschiedene Weise interpretiert und aufs Blatt gebracht werden, so kann es ein Palast aber auch eine Ruine sein (von Spreti, 2005a, S. 298-302). Bei einer Risikoschwangerschaft bzw. einer Schwangerschaft in Kombination mit einer psychischen Störung konzentriert sich die Patientin bei der Gestaltung i.d.R. an, in Verbindung mit der psychischen Störung auftretenden, schwangerschaftsassoziierten Ängsten und Vorstellungen (Grube & Saltuari, 2015, S. 307-312).

Wie im Überkapitel schon erwähnt, ist auch die Wahl des Materials durch die Patientin / den Patienten von Bedeutung für die Deutung durch die Therapeutin / den Therapeuten. Jedoch können in verschiedenen Lebenslagen verschiedene Materialien besonders vorteilhaft sein. Neben dem klassischen Material von Farbe und Leinwand können auch andere Techniken genutzt werden. Gerade in der

Kunsttherapie mit psychisch erkrankten schwangeren Frauen kann es aufgrund der Wahrung der Bettruhe zu Einschränkungen kommen. Zudem wird die Wahl des Materials, neben der eigenen Materialwahl der Patientin, an dem individuellen psychischen Zustand der Patientin sowie deren Bewältigungsressourcen orientiert (Grube & Saltuari, 2015, S. 306).

In der ambulanten tagesklinischen Betreuung dagegen finden sich überwiegend Klientinnen / Klienten, für welche ein stationärer Aufenthalt nicht oder nicht mehr erforderlich scheint. Diese leiden entweder an einer minder schweren psychischen Störung oder wurden aus der stationären Akutstation aufgrund einer Besserung des Gesundheitszustandes entlassen und einem Rezidiv soll vorgebeugt werden bzw. die Wiedereingliederung in Alltag und Arbeit soll diesen erleichtert werden. Zudem kann eine vermehrte Inanspruchnahme von Tageskliniken eine Gesundheitskostenersparnis bedeuten (Wiethüchter & Frieß, 2005, S.309). Im Rahmen der Tagklinik ist es möglich, die Patientinnen / Patienten nicht nach dem psychischen Störungsbild, sondern nach den individuellen psychopathologischen Symptomen in Gruppen aufzuteilen. Hier kann bspw. in die Schwerpunkte ‚kognitives Training‘, ‚Aktivierung‘ und ‚affektive Defizite‘ unterteilt werden. So können in den verschiedenen Gruppen, je nach Symptomatik und demnach den Bedürfnissen der Patientinnen / Patienten, speziell abgestimmte Themen gewählt werden und die Häufigkeit der Kunsttherapiesitzungen kann variieren (Wiethüchter & Frieß, 2005, S. 309-310). Neben den weiteren Therapiemaßnahmen innerhalb einer Tagesklinik kann die Kunsttherapie ergänzend auftreten und den, in den Leistungsprozess eingebundenen Personen, den Zugriff auf versteckte, der Patientin / dem Patienten noch nicht bewusste, innere Vorgänge und Konflikte ermöglichen (Wiethüchter & Frieß, 2005, S. 316).

5.2.2 Schwangerenkunsttherapie

„Um den betroffenen Frauen, die mit Risikoschwangerschaft stationär aufgenommen werden müssen, eine wenig zu intellektualisierenden Abwehrprozessen beitragende Verarbeitungshilfe anzubieten, in welcher sie ihre Gefühle in einem Medium materialisieren können, ist die Schwangerenkunsttherapie entwickelt worden.“ (Grube & Saltuari, 2015, S. 303).

Die Kunsttherapie bietet in einer speziellen Lebenslage wie der Risikoschwangerschaft besondere Vorzüge: Die (Schwangeren-)Kunsttherapie kann aufgrund der Vielfalt an Materialien auch im Liegen erfolgen (Grube & Saltuari, 2015, S. 303). Doch auch wenn die Therapie in einer liegenden Position stattfindet, sollte die

Klientin ihrer Therapeutin / ihrem Therapeuten zugewandt sein, damit die / der Kunsttherapeut/in Mimik und Gestik der Patientin gezielt wahrnehmen kann (Schmeer, 1997, S. 188). Zudem können die psychischen Belastungen, welche sich z. B. in einer Angststörung äußern, im geschaffenen Medium vergegenständlicht werden und es kann zu einer Verlagerung der inneren Vorgänge nach außen kommen. Diese möglicherweise negativen und belastenden Emotionen können somit von Betroffener und Therapeut/in objektiv aus einer externen Perspektive angesehen und, falls erforderlich, entsprechend angepasst werden. Durch die Form der Therapie und die hier herrschende Beziehungskonstellation zwischen Therapeut/in und Patientin kann der therapierende Prozess innerhalb der Kunsttherapie, im Gegensatz zu klassischen psychotherapeutischen Verfahren, verdichtet werden, was aufgrund der, während der Schwangerschaft akuteren Situation sowie der geringeren Aufenthaltsdauer der Patientin in der Klinik, von Vorteil sein kann. Wie in nachfolgender Abbildung (Abb. 3) zu sehen, definiert sich die Beziehung zwischen Therapeut/in und Patientin in der Kunsttherapie über die Elemente ‚Gestaltetes Werk‘, den ‚Gestaltungsprozess‘ sowie den ‚Bildnerischen Ausdruck‘. Genannter Gestaltungsprozess konzentriert sich dabei i.d.R. auf das Ungeborene (Grube & Saltuari, 2015, S. 304).

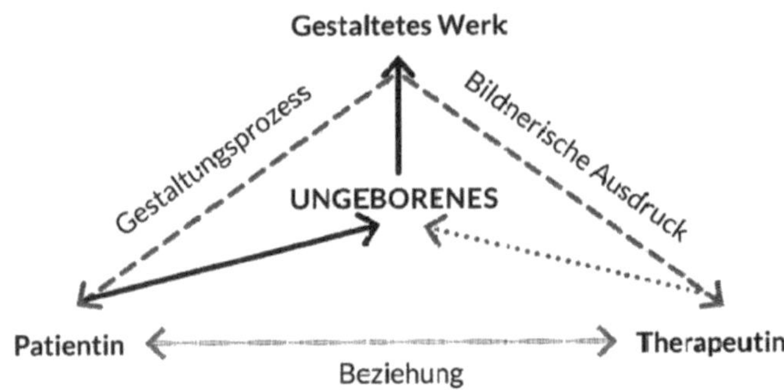

Abbildung 3, "Kunsttherapie mit schwangeren Frauen", (Grube & Saltuari, 2015, S. 304)

Zudem können die während der Therapiesitzungen entstandenen Werke im Falle eines stationären Aufenthalts der Patientin in dem Zimmer dieser untergebracht werden. So hat diese jederzeit Zugriff auf das Medium und somit auf ihre bei der Erschaffung dieses Kunstwerkes aufgekommene, bis dato versteckte, Gefühlswelt. Auch wenn bei einigen Patientinnen anfänglich Zweifel bzgl. des Nutzens der Kunsttherapie bestehen kann, wandelt sich dieser meist in Dankbarkeit in Hinsicht auf die künstlerische Methode. Die Frauen haben hier die Möglichkeit, selbst aktiv zu werden. Im Zuge des Erschaffungsprozesses kommt es zudem zumeist zu einer besseren Akzeptanz der eigenen Situation. Negative Emotionen, welche die Schwangere gegenüber ihres Ungeborenen hegt, können verringert werden. Genannte Aspekte können präventiv auf den weiteren Schwangerschaftsverlauf wirken (Grube & Saltuari, 2015, S. 303-306).

Einige Praktiken haben sich in der Praxis als besonders erfolgreich erwiesen, darunter Häkel-, Näh- und Stricktechniken, freies Collagieren, Materialien wie Bleistift, Pastellkreide, Aquarelle und Acryl sowie, bei vorhandener Existenzfähigkeit des Ungeborenen, der Gipsabdruck des Bauches der Frau ggf. mit anschließender farblicher Gestaltung dieses. Im Falle des Kindsverlustes wird als Bewältigungsstrategie auch auf Techniken wie das Formen von Kerzen oder das Zeichnen transzendenter Objekte gesetzt (Grube & Saltuari, 2015, S. 306-307).

Um den positiven Effekt der Kunsttherapie bei Schwangeren zu verdeutlichen und einen Entwicklungsprozess exemplarisch aufzuzeigen, wird im Folgenden eine Fallvignette aus einer Frauenklinik vorgestellt:

> Die in der Klinik aufgenommene Patientin, Frau T., wurde in Folge einer verfrühten Öffnung der Fruchtblase in der 26. Schwangerschaftswoche (SSW) eingewiesen und musste neun Wochen lang das Bett hüten, um das Ungeborene nicht zu gefährden. Bei Frau T. wurde eine ausgeprägte Anpassungsstörung diagnostiziert. Um der, an dem Nutzen der Kunsttherapie zweifelnden Patientin, das sich Einlassen auf die Kunsttherapie zu vereinfachen, wurde zunächst auf Entspannungstechniken zurückgegriffen, darunter die Phantasiereise. Darauffolgend hat die Patientin sich der künstlerischen Therapie geöffnet. Die Patientin kreierte mit der Technik des Collagierens sowie Wachskreide einen Fisch im Wasser (Abb. 4):

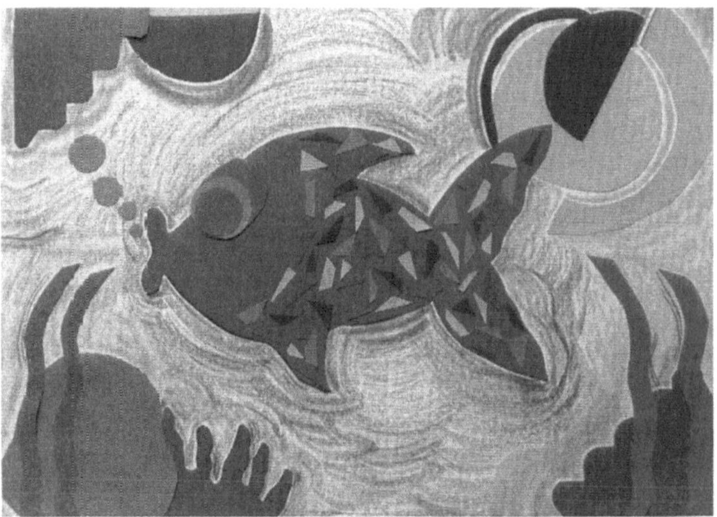

Abbildung 4, "Fisch im Wasser", (Grube & Saltuari, 2015, S. 309)

Im Gespräch über das entstandene Bild sah Frau T. einen Zusammenhang vom Bild zu ihrem ungeborenen Baby, sie assoziierte den Fisch im Wasser mit dem Fetus, welcher durch die Komplikationen weniger Platz zur Verfügung hatte. Im weiteren Verlauf der Therapie konnte sich die Patientin besser auf die Thematik einlassen. Sie wählte Pastellkreiden und erschuf ein Bild (Abb. 5), welches den Embryo dreimal, in leicht zunehmender Größe, verwoben mit der Natur und Blumen zeigt. Dieses soll die natürlichen Entwicklungsprozesse der Natur symbolisieren, welche ihrer Aussage nach immer gelingen würden. Die erwartete Geburt setzte sie mit dieser Metapher gleich. Die externe Betrachtungsweise führte bei Frau T. zu einer Minderung ihrer Ängste.

Abbildung 5, "Verschiedene Phasen der Geburt", (Grube & Saltuari, 2015, S. 310)

Um Frau T. weitergehend zu unterstützen, wurde diese in der 28. SSW dazu animiert, einen Gipsabdruck ihres Bauches anzufertigen und diesen nachfolgend ansprechend zu gestalten (Abb. 6). Hiermit sollte das Ziel verfolgt werden, ihre Gefühle bzgl. der Mutterschaft und ihre Beziehung zum Fetus positiv zu verstärken. Im Zuge der künstlerischen Aktivität zeigte Frau T. viel Engagement und Eigeninitiative, Schmerzen nahm sich kaum noch wahr. Frau T. gebar ihr Kind in der 35. SSW durch einen Kaiserschnitt. Die Kunsttherapie bewertete sie als äußerst positiv, sie schilderte eine Reduktion von Ängsten und fühlte sich ernst genommen, außerdem diente die aktive Gestaltung für sie als Ablenkung (Grube & Saltuari, 2015, S. 311-313).

Abbildung 6, "Gipsbauch", (Grube & Saltuari, 2015, S. 312)

6 Diskussion

Im Zuge dieser Diskussion sollen die zu Anfang explorierten Fragestellungen, welche psychiatrische Versorgung in der Peripartalzeit herangezogen werden sollte und ob die Kunsttherapie sinnvoll in diesen Behandlungsplan integriert werden kann, im Kontext aktueller Forschung, erörtert werden. Dazu wird zunächst auf die, dieser Arbeit zugrundeliegende Methodik eingegangen. Zudem wird die Public Health-Relevanz offengelegt, um die Dringlichkeit genannter Versorgung zu unterstreichen. Weitergehend werden allgemeine aktuelle Maßstäbe zur Behandlung sowie Studien offengelegt, um aktuelle Behandlungsempfehlungen darzulegen.

Die Wahl der Methode bzgl. einer wissenschaftlichen Arbeit kann abhängig gemacht werden von Forschungsfrage und / oder Forschungsareal (Karmasin & Ribing, 2017, S. 82). Bei vorliegender Arbeit handelt es sich um eine literaturbasierte wissenschaftliche Arbeit. Diese Methode wurde gewählt, da ein empirischer Ansatz zur Beantwortung der Forschungsfrage aufwandsbedingt nicht realistisch erscheint und aufgrund des Mangels entsprechender Studien ein systematisches Review ebenfalls nicht sinnvoll durchführbar ist.

Wie bereits in der Einleitung ausführlich erörtert, gehören psychische Störungen zu den hierzulande am häufigsten vertretenen Erkrankungen, Tendenz steigend. Gerade in der Phase der Peripartalzeit erweist sich die Behandlung einer solchen psychischen Störung als besonders kompliziert. Wie nachfolgend exploriert, ergibt sich die Schwere der Behandlung u.a. aus einer ungenügenden Datenlage. Betrachtet man hier die Wechselwirkung zwischen hohen Zahlen psychisch Erkrankter, einer mangelhaften Datenlage sowie einer unterversorgten Patientengruppe zeigt sich eine äußerst hohe Public Health-Relevanz (Bauer & Oertel, 2016; Jordan et al., 2012).

Psychische Störungen, insbesondere in einer Lebensphase wie der Schwangerschaft, welche in der deutschen Gesellschaft als ein freudiges Ereignis definiert wird, sind noch immer einem Stigma unterworfen. Nicht verwunderlich ist daher die Tatsache, dass Studien zur Behandlung psychisch erkrankter Frauen in der Peripartalzeit nur vereinzelt zu finden sind. Als weitere Ursache ist hier zu nennen, dass genannte Patientinnen in den klassischen randomisierten kontrollierten klinischen Studien i.d.R. Ausschlusskriterien aufweisen. Die psychiatrische Behandlung dieser Zielgruppe weist nur vereinzelt Richtlinien auf und wirft bei Ärztinnen / Ärzten noch immer Fragen und Zweifel, insbesondere bzgl. der Medikamententherapie, auf. Speziell die Psychopharmakotherapie geht mit erheblichen Gefahren für Ungeborenes und Schwangerschaftsverlauf einher. So kann diese z. B. eine Teratogenität beim Fetus verursachen. Gerade bei der Psychopharmakotherapie in der Peripartalzeit können kaum unangreifbare Studien ausgemacht werden. Hier sind ethische Gründe als Ursache zu nennen. Als Datengrundlage zur Medikamententherapie in genannter Lebenslage müssen also „Fallberichte(..), Fallserien sowie retro- und prospektive(..) Kohortenstudien mit und ohne Kontrollgruppen-Design, deren einzelne Aussagekraft begrenzt ist", dienen. Trotz erwähnter Unsicherheiten bzgl. der medikamentösen Therapie in der Peripartalzeit muss bei schweren psychischen Störungen häufig auf diese Art der Behandlung zurückgegriffen werden, um Rezidiv und Suizid der betroffenen Frau zu verhindern. Auch nach der Entbindung sind immer noch Gefahren für Mutter und Kind gegeben, so kann es zu postpartalen psychischen Erkrankungen oder zu Störungen in der Mutter-Kind-Bindung kommen. Auch in dieser Phase der Peripartalzeit ist eine psychiatrische Behandlung für (schwer) psychisch Erkrankte von großer Bedeutung. Ein früh angesetztes peripartales Management ist unabdingbar (Bauer & Oertel, 2016, S. 923-924).

Neben vereinzelter Studien existieren die sog. ‚S3-Leitlinien'. Diese spiegeln die aktuell empfohlene psychiatrische Versorgung in Deutschland wider (AWMF & Ärztliches Zentrum für Qualität in der Medizin (ÄZQ), 2007, S. 5-9 & S. 74). Einige dieser Empfehlungen sind speziell auf Schwangerschaft und Stillzeit ausgerichtet (Bundesärztekammer (BÄK), Kassenärztliche Bundesvereinigung (KBV), AWMF, 2016, S. 85). Auch wenn im Zuge einiger Metaanalysen, zum Nachweis negativer Konsequenzen für Schwangerschaftsverlauf und Fetus durch eine Psychopharmakotherapie während dieser Zeit, ein lediglich geringes Risiko ausgemacht wurde (Huybrechts, Sanghani, Avorn & Urato, 2014; Myles, Newall, Ward & Large, 2013), wird in den S3-Leitlinien für unipolare Depression und Schizophrenie dennoch immer für eine Nutzen-Risiko-Abwägung plädiert. Diese soll, nach der Leitlinie für unipolare Depression, die persönliche und Medikamentenanamnese berücksichtigen sowie den Zugriff auf und die Effektivität von alternative/n Behandlungsmethoden wie der Psychotherapie als auch die Wünsche der Frau einbeziehen. Falls es durch den Abwägungsprozess zur Entscheidung für die Medikamententherapie kommen sollte, ist eine Monotherapie, d.h. die Therapie mit einem solchen Medikament, welches nur eine Wirksubstanz enthält, vorzuziehen. Weitergehend sollte hier die kleinste Wirkdosis verabreicht werden, die Dynamik des medikamentösen Plasmaspiegels sollte beobachtet werden, der Wirkstoffspiegel sollte in festen Abständen überwacht werden und wenn möglich auf den geringsten effektiven Spiegel reduziert werden. Zudem ist ein plötzlicher, vollständiger Verzicht auf bisherige eingenommene Psychopharmaka zu unterlassen. (DGPPN, 2006, S. 229-231; DGPPN, BÄK, KBV & AWMF, 2015, S. 154).

Über die Gefahren einer medikamentösen Versorgung hinaus, besteht bei dem Großteil der Frauen meist ohnehin der Wunsch nach einer nichtmedikamentösen Therapie während Schwangerschaft und Stillzeit. Aber auch hierzu existieren nur wenige Studien, wovon der überwiegende Anteil zu Depressionen durchgeführt wurde. Die nichtmedikamentöse Behandlung weiterer psychischer Erkrankungsbilder wie der Schizophrenie sowie Angst- und Zwangsstörungen wurde kaum untersucht (Kittel-Schneider & Reif, 2016, S. 967). Betrachtet man die gegebenen Studien zur Behandlung von Depressionen in der peripartalen Zeit so können Behandlungserfolge bzgl. der kognitiven Verhaltenstherapie (KVT) als auch der der interpersonellen Therapie ausgemacht werden. In einem systematischen Review bzgl. postpartaler Depression von Miniati, Callari, Calugi, Rucci, Savino, Mauri & Dell'Osso zeigte die IPT in Einzelanwendung als auch multimodal mit Psychopharmakotherapie schnellere Behandlungserfolge im Vergleich zu den Kontrollgruppen. Des Weiteren führten Milgrom, Gemmill, Ericksen, Burrows, Buist & Reece eine Studie bzgl. der Effektivität einer KVT bei postpartaler Depression durch. Die alleinige Antidepressivum-Therapie mit Sertralin, die psychotherapeutische Einzeltherapie ‚KVT' als auch die Konstellation aus beiden führte zu einem positiven Outcome. Die KVT in isolierter Form erreichte nach drei Monaten sogar die besten Behandlungserfolge (Milgrom et al., 2015; Miniati et al., 2014).

Innerhalb der S3-Leitlinien für Schizophrenie und unipolare Depression wird ein multimodaler Gesamtbehandlungsplan, welcher sich aus verschiedenen Komponenten und Schwerpunkten, je nach individuellem Bedarf zusammensetzt, empfohlen. In Schwangerschaft und Stillzeit sollte, wenn möglich, immer auf die medikamentöse Therapie verzichtet werden. Hier ist eine Nutzen-Risiko-Abwägung gefragt. Zudem erfolgen Aufenthalt sowie Entbindung bestenfalls in einer Klinik, welche Neugeborenen-Medizin und -Vorsorge beinhaltet. Psychotherapeutische Interventionen, Psychotherapie sowie soziotherapeutische Verfahren werden zur Therapie empfohlen. Auch weitere, noch weniger bekannte Methoden können, im Zuge des Gesamtplanes, Einsatz finden, sollten und müssen jedoch in der Zukunft in Studien noch näher erforscht werden. Unter Vorkommnis einer nicht behandelbaren Depression kann die Elektrokonvulsionstherapie anvisiert werden. Des Weiteren kann, um spezifische Krankheitssymptome zu reduzieren, zusätzliche physische Aktivität angeboten werden. Die Wirksamkeit wurde in Studien belegt (DGPPN, 2006, S. 229-231; DGPPN, BÄK, KBV & AWMF, 2015, S. 155-159).

Ebenfalls sind Studien, welche die Wirksamkeit der Kunsttherapie nachweisen, derzeit nur vereinzelt zu finden. Dies kann u.a. durch den neuen Charakter der Kunsttherapie erklärt werden. Weitere Gründe bilden die Vielfalt an Methoden sowie eine nicht vorhandene vorgegebene einheitliche Vorgehensweise solcher Studien (Oster, 2010, S. 19-25; Tüpker, 2011, S. 89-106). Im Folgenden werden zwei aktuelle Studien dargestellt, welche die Rolle der Kunsttherapie innerhalb der psychiatrischen und psychosomatischen Behandlung darstellen und untersuchen.

Eine Studie aus dem Jahre 2006 untersucht durch sowohl quantitative als auch qualitative Analysen die Auswirkungen der Kunsttherapie auf das körperliche und emotionale Befinden von Patientinnen und Patienten einer psychosomatischen Tagesklinik. Die Kunsttherapie ist hier Bestandteil eines multimodalen Behandlungsplans. Quantitativ wurde durch standardisierte Fragebögen untersucht, inwiefern sich die einzelnen Kunsttherapiesitzungen auf das physische und psychische Erleben kurzfristig auswirken. Diesbezüglich wurde sowohl hinsichtlich der körperlichen Beschwerden als auch der negativen Stimmungslage eine Besserung dokumentiert, jedoch nur in Bezug auf den Gesamtbehandlungsplan, nicht in der Zeitspanne vom Beginn bis zum Ende einer einzelnen Kunsttherapiesitzung. Weitergehend wurde durch Interviews qualitativ exploriert, welche Bedeutung den Bildern seitens der Klientinnen und Klienten beigemessen wird und welche Rolle die Kunsttherapie im Rahmen des Gesamtbehandlungsplans einnimmt. Im Zuge der Interviews konnten verschiedene Aspekte mehrfach ausgemacht werden: Die Patientinnen und Patienten gaben an, die Anregungen für die erstellten Bilder einerseits aus den anderen Therapien innerhalb der Tagesklinik, andererseits aus sich selbst zu ziehen. Des Weiteren gab der Großteil der Probandinnen und Probanden an, persönliche Inhalte durch das Medium auszudrücken. Die Intention, mit welcher die Erkrankten an die Erstellung der Bilder gingen, war in erster Linie die Möglichkeit, ihren Problemen Ausdruck zu verleihen, einige gaben an, ihre Gefühle freigeben, sich entspannen oder ablenken zu wollen. Außerdem wurden Farb- und Formwahl bzgl. der Materialien als wichtiges Faktum des individuellen Ausdrucks genannt. Inbezugnahme zu der Gesamtbehandlung wurde erörtert, dass das erschaffene Medium meist den Fortschritt des Individuums innerhalb dieser widerspiegelt. Auch Erfahrungen und Geschehnisse der anderen Therapiemodule wurden von den Patientinnen und Patienten in der Kunsttherapie dargestellt und verarbeitet. Zudem wurde die Kunsttherapie als Chance genannt, persönliche Probleme zu explorieren, darzustellen und zu bewältigen. Auch die Gespräche über die gestalteten Medien wurden als hilfreich empfunden. Grenzen in der Studie sind zum einen in der Größe der Stichprobe zu sehen, hier wurden 26 Patientinnen und Patienten in den quantitativen, 15 Patientinnen und Patienten in den qualitativen Teil einbezogen. Zum anderen konnten die Veränderungen im Befinden nicht allein auf die Erfolge der Kunsttherapie zurückverfolgt werden, da diese im Rahmen eines multimodalen Therapieplans Anwendung fand (Plecity et al., 2009, S. 364-369). Zusammenfassend ist festzuhalten, dass zwar keine signifikanten Änderungen im Befinden vom Anfang bis zum Ende einer Kunsttherapiesitzung ausgemacht wurden, es dafür aber im Rahmen der Gesamtbehandlung inklusive der Kunsttherapie zu Verbesserungen in Physis und Psyche kam. Des Weiteren wurde mehrfach betont, dass die Bilder in Problemdarstellung und -verarbeitung eine große Rolle einnehmen und auch zur Verarbeitung der anderen Therapiemodule eingesetzt wurde.

In einer Studie von 2015, durchgeführt in einer ambulanten Kunsttherapiegruppe mit Patientinnen und Patienten, welche zumeist eine Chronifizierung in einem psychosomatischen Areal aufweisen, wurden Veränderungserlebnisse qualitativ in Form von Interviews als auch quantitativ durch psychometrische Verfahren hinsichtlich der Symptomatik ergründet. Einige der Teilnehmer/innen stehen zudem in ambulanter psychotherapeutischer Behandlung. Weitere waren zuvor in einer psychosomatischen Tagesklinik und nutzen die Kunsttherapie als eine abschließende Behandlung. In der Studie wird erfragt, welche Änderungen durch die Gruppentherapie hinsichtlich subjektiv empfundenem körperlichem und seelischem Wohlbefinden erfahren werden, welche Umstände dabei als hilfreich, welche als hinderlich eingestuft werden, welche Besonderheiten in der ambulanten Gruppen-Kunsttherapie beobachtet werden und wie groß der Erfolg bewertet wird. Im qualitativen Teil wurden Besserungen im Symptomerleben, ein gesteigertes Selbstbewusstsein, eine klarere Selbstwahrnehmung, sowie gesteigerte Fähigkeiten in der Meisterung des Alltags und in der Interaktion genannt. Der Austausch durch das Gruppenerleben wurde ebenfalls als Ressource charakterisiert. Im Zuge der quantitativen Methodik konnte jedoch keine signifikante Steigerung im subjektiv empfundenen Symptomerleben ausgemacht werden, was den Ergebnissen der qualitativen Auswertungen widerspricht. An dieser Stelle fehlt jedoch eine Kontrollgruppe, um die psychometrischen Ergebnisse besser einordnen zu können. Außerdem ist zu beachten, dass die Erhebung der ersten psychometrischen Daten direkt im Anschluss an die Beendigung der Behandlung in der psychosomatischen Tagesklinik erfolgte, zu welchem Zeitpunkt diese bereits viele Therapien durchlaufen hatten. Die Kunsttherapie wurde insgesamt als wichtige Behandlungskomponente bewertet (Oster, Moser, Danner-Weinberger & von Wiersheim, 2016, S. 82-87). Auch hier wurde sowohl der künstlerische Schaffungsprozess an sich, als auch das Gruppenerleben als wichtiges Faktum zur Krankheits- und Alltagsbewältigung exploriert.

Trotz positiver Resultate kann aus aufgeführten Studien kein eindeutiger Nutzen der Kunsttherapie nachgewiesen werden. In der ersten Studie ist die Kunsttherapie ein Teil des Gesamtbehandlungsplans und kann nicht komplett isoliert von diesem bewertet werden. In der zweiten Studie war ein Großteil der Probandinnen und Probanden zusätzlich in psychotherapeutischer Behandlung. Die Outcomes bzgl. der Kunsttherapie sind demnach verzerrt. In der Zukunft, um eindeutige Ergebnisse bzgl. des Nutzens zu erlangen, müssen Studien durchgeführt werden, in welchen die Kunsttherapie als einzige Therapiestrategie eingesetzt wird. Zudem sollte eine größere Studienpopulation gewählt werden und Kontrollgruppen bereitstehen. Eine weitere Möglichkeit wäre, innerhalb des Gesamtbehandlungsplans bei einer Gruppe die Kunsttherapie anzuwenden, bei einer diese bewusst zu unterlassen.

Die Kunsttherapie findet zudem auch in anderen Settings Anwendung. Auch hier kann diese Erfolge verzeichnen. So zeigt eine einjährige Evaluationsstudie aus dem Jahr 2010 die Effekte der Kunsttherapie auf das Befinden männlicher Patienten mit Persönlichkeitsstörungen innerhalb der forensischen Psychiatrie auf. Es konnte, jedoch in Kombination konventioneller Behandlungsmethoden, eine Besserung des Entspannungslevels sowie ein höheres Maß an Optimismus erreicht werden. Die Kunsttherapie ist hier, wie auch in den zuvor explorierten Studien, Teil eines multimodalen Konzeptes, aber als solcher Bestandteil erfolgreich. Zukünftig müssen Studien mit Kontrollgruppen durchgeführt werden, um den eindeutigen Nutzen der Kunsttherapie nachzuweisen (Watermann, 2010).

7 Fazit

Psychische Störungen sind hierzulande ein aktuelles Thema und nehmen aufgrund eines hohen Aufkommens, teils unzureichender Studienlage sowie einer ausbaufähigen Versorgung eine hohe Public Health-Relevanz ein. So ist ein beachtlicher Teil der Todesfälle in Deutschland auf psychische und Verhaltensstörungen zurückzuführen. Es ist festzuhalten, dass Männer und Frauen sehr unterschiedliche Voraussetzungen, sowohl auf sozialer als auch auf körperlicher und psychischer Ebene mitbringen. Eine geschlechterspezifische Therapie, insbesondere bzgl. der medikamentösen Therapie, ist unabdingbar. Gerade in Schwangerschaft und Stillzeit ist die psychiatrische Versorgung eine besondere Herausforderung. Besonderheiten, wie hormonelle Umstellungen sowie Risiken für Ungeborenes, Schwangerschaftsverlauf und Frau müssen berücksichtigt werden. Es existieren Behandlungsleitlinien, welche Empfehlungen zur psychiatrischen Versorgung im Rahmen der peripartalen Zeit liefern. Diese sind allerdings überschaubau. Ebenso sind wenige Studien zu diesem Themenfeld auffindbar und die vorhandenen Studien haben zumeist wenig Aussagekraft. Ähnlich steht es um die Forschung bzgl. der kunsttherapeutischen Versorgung. Zukünftig muss, um eindeutigere und vor allem umfassendere Behandlungsempfehlungen entwickeln zu können, weitere kontrollierte sowie vergleichbare Forschung bzgl. der psychiatrischen Versorgung in der Peripartalzeit und insbesondere bzgl. der kunsttherapeutischen Versorgung in ebendieser Zeitperiode eingeleitet werden. Weiterhin ergibt sich die Notwendigkeit von Maßnahmen seitens der Politik und Gesundheitskommunikation, um das Stigma der psychischen Störung aufzulösen und um in der Zukunft eine zielgruppengerechte, frühzeitige sowie flächendeckende Behandlung gewährleisten zu können.

Auf Grundlage der in der Diskussion erörterten aktuellen Erkenntnisse sowie der in dieser Arbeit dargelegten Therapiemaßnahmen werden im Folgenden die Kerngedanken bzgl. der Behandlung psychisch erkrankter Frauen in der Peripartalzeit dargelegt: Im Rahmen der Schwangerschaft ist es ratsam, ein peripartales Management frühzeitig anzustreben. Hier können Verhaltensregeln für die Frau innerhalb Schwangerschaft und Stillzeit festgelegt und weitere Planungen vorgenommen werden. Die Behandlung sollte sich multimodal aus verschiedenen Disziplinen zusammensetzen. Im Falle einer schweren psychischen Störung kann nach dem bio-psycho-sozialen-Modell vorgegangen werden, dieses untergliedert sich in die Komponenten Psychopharmakotherapie, Psychotherapie und psychosoziale Therapien. Im Falle einer Therapie-Resistenz kann auf Hirnstimulationsverfahren zurückgegriffen werden. Sollte eine Psychopharmakotherapie in Betracht gezogen werden, ist eine Risiko-Nutzen-Abwägung obligat. Der hier erörterte Nutzen der medikamentösen Therapie muss die Risiken übersteigen, um Anwendung zu finden. Wenn möglich sollte während der peripartalen Zeit immer auf die Psychopharmakotherapie verzichtet werden.

Die Kunsttherapie kann aus vielen Gründen für die Versorgung im Rahmen der Peripartalzeit von Vorteil sein. Die besondere Situation der Risikoschwangerschaft zieht einige Behandlungseinschränkungen mit sich, welche die Kunsttherapie allerdings bewerkstelligen kann. Die Behandlung kann, im Rahmen dieser, im Liegen erfolgen. Zudem erfordert die Therapie wenig intellektuelle Anstrengung seitens der Patientin und der Therapieprozess kann in seiner Dauer verdichtet werden, was aufgrund der vergleichsweise kurzen Aufenthaltsdauer der Patientin ein Vorteil sein kann. Mit einem Blick auf die Studien ist festzuhalten, dass die Kunsttherapie sich im Rahmen eines multimodalen Gesamtbehandlungsplan als vorteilhaft für den Genesungsweg erwiesen hat. Diese konnte im subjektiven psychischen und physischen Befinden der Teilnehmer/innen deutliche Erfolge erzielen. Hauptsächlich die nonverbalen Strategien der Kunsttherapie gehen als förderlich für die Problemerörterung sowie -verarbeitung hervor. Die Kunsttherapie dient hier als Ausdrucksform. Zudem kann diese als Instrument zur Entspannung und im Zuge dessen zur Loslösung von negativen Gefühlen gesehen werden. Ebenso ist festzuhalten, dass die Kunsttherapie zur Verarbeitung der weiteren Therapiebausteine dienen und der Therapeutin / dem Therapeuten sowie weiteren Leistungserbringerinnen / Leistungserbringern bei der Einordnung, an welcher Stelle im Heilungsprozess die / der Erkrankte steht, helfen kann.

Literaturverzeichnis

Ärzte Zeitung (2010). Schnelle Hilfe für psychisch kranke Schwangere. Berlin: Springer Medizin Verlag GmbH. Verfügbar unter: https://www.aerztezeitung.de/politik_gesellschaft/article/617146/schnelle-hilfe-psychisch-kranke-schwangere.html (07.08.2017).

Alliance Healthcare Deutschland AG. (2014). Alkoholgeschädigte Babies – gezeichnet für's Leben. Verfügbar unter: https://www.gesundheit.de/familie/schwangerschaft/rauchen-in-der-schwangerschaft-und-alkohol-in-der-schwangerschaft/alkoholgeschaedigte-babies-gezeichnet-fuer-s-leben (30.07.2017).

Arbeitsgemeinschaft der wissenschaftlichen medizinischen Fachgesellschaften & Ärztliches Zentrum für Qualität in der Medizin (2007). Von Absolute Risikoreduktion bis Zuverlässigkeit von Leitlinien. Leitlinien-Glossar. Begrifflichkeiten und Kommentare zum Programm für Nationale VersorgungsLeitlinien. Neukirchen: Verlag Make a Book. Verfügbar unter: http://www.awmf.org/fileadmin/user_upload/Leitlinien/Werkzeuge/ll-glossar.pdf (15.08.2017).

Arbeitsgemeinschaft der wissenschaftlichen medizinischen Fachgesellschaften (o.J.). Klassifikation S3-Leitlinien. Verfügbar unter: http://www.awmf.org/leitlinien/awmf-regelwerk/ll-entwicklung/awmf-regelwerk-01-planung-und-organisation/po-stufenklassifikation/klassifikation-s3.html (03.08.2017).

Backmund, M. (2005). Suchterkrankungen. Ätiologie der Suchterkrankungen – Medizinische Behandlung. In von Spreti, F., Martius, P. & Förstl, H. Kunsttherapie bei psychischen Störungen, (S. 195-200). München: Elsevier GmbH.

Bäuml, J. & Martius, P. (2005). Schizophrene Psychosen. Symptomatik, Ätiologie und Behandlung der schizophrenen Psychosen. In von Spreti, F., Martius, P. & Förstl, H. Kunsttherapie bei psychischen Störungen, (S. 51-62). München: Elsevier GmbH.

Bauer, M. & Oertel, W. H. (2016). Diagnostik und Behandlung psychiatrischer und neurologischer Störungen in der Peripartalzeit. Der Nervenarzt, 87, S. 923-925.

Berner, M. (2015). Auswege aus der Krise. Suchtprobleme bei Frauen. In Rohde, A. Frauen-Leid und Frauen-Stärkung. Im Fokus von Gynäkologischer Psychosomatik und Gynäkopsychiatrie, (S. 167-182). Köln: Psychiatrie Verlag GmbH.

Berufsverband der Frauenärzte e.V. (o.J.) Gestose. Was ist eine Gestose? Verfügbar unter: https://www.frauenaerzte-im-netz.de/de_gestose-was-ist-eine-gestose-_894.html (26.07.2017).

Berufsverband der Frauenärzte e.V. (o.J. a) Präeklampsie. Krankheitsbild. Verfügbar unter: https://www.frauenaerzte-im-netz.de/de_praeeklampsie-krankheitsbild_881.html (26.07.2017).

Birkhäuser, M., Kuhl, H., Hausmann, M. & Alfermann, D. (2005). Was macht Frauen krank? Ursachen und Risikofaktoren. In Riecher-Rössler, A. & Bitzer, J. Frauengesundheit. Ein Leitfaden für die ärztliche uns psychotherapeutische Praxis, (S. 31-82). München: Elsevier, Urban & Fischer.

Bolle, R. (2005). Angst und Zwangsstörungen. Ätiologie der Angst und Zwangsstörung – Medizinische und psychotherapeutische Behandlung. In von Spreti, F., Martius, P. & Förstl, H. Kunsttherapie bei psychischen Störungen, (S. 207-215). München: Elsevier GmbH.

Bundesärztekammer (BÄK), Kassenärztliche Bundesvereinigung (KBV), Arbeitsgemeinschaft der Wissenschaftlichen Medizinischen Fachgesellschaften (AWMF). (2016). Patientenleitlinie zur S3-Leitlinie/Nationalen VersorgungsLeitlinie „Unipolare Depression". Verfügbar unter: www.depression.versorgungsleitlinien.de (13.08.2017).

Bundesamt für Statistik (o.J.). Illegale Drogen. Verfügbar unter: https://www.bfs.admin.ch/bfs/de/home/statistiken/gesundheit/determinanten/illegale-drogen.html# (01.08.2017).

Dalton, K. (2003). Wochenbettdepression. Erkennen – Behandeln – Vorbeugen. Bern: Verlag Hans Huber.

Deutsche Gesellschaft für Psychiatrie, Psychotherapie und Nervenheilkunde (DGPPN). (2006). S3-Behandlungsleitlinie Schizophrenie, Kurzversion. Verfügbar unter: https://www.dgppn.de/_Resources/Persistent/a6e04aa47e146de9e159f d2ca1e6987853a055d7/S3_Schizo_Kurzversion.pdf (13.08.2017).

DGPPN (2013). S3-Leitlinie. Psychosoziale Therapien bei schweren psychischen Erkrankungen. S3-Praxisleitlinien in Psychiatrie und Psychotherapie. Berlin, Heidelberg: Springer-Verlag.

DGPPN, BÄK, KBV & AWMF (2015). S3-Leitlinie/Nationale Versorgungsleitlinie Unipolare Depression. Langfassung. 2. Auflage, Version 5. Verfügbar unter: https://www.dgppn.de/_Resources/Persistent/d689bf8322a5bf507bcc5 46eb9d61ca566527f2f/S3-NVL_depression-2aufl-vers5-lang.pdf (13.08.2017).

Deutsche Hauptstelle für Suchtfragen e.V. (2012). Du bist schwanger... und nimmst Drogen? Informationen und Hilfen für Drogen, Alkohol und Nikotin konsumierende Schwangere. Hamm: Deutsche Hauptstelle für Suchtfragen e.V.

Deutsches Institut für Medizinische Dokumentation und Information (2017). ICD-10-GM Version 2017. Kapitel V. Psychische und Verhaltensstörungen (F00-F99). Neurotische, Belastungs- und somatoforme Störungen (F40-F48). Verfügbar unter: http://www.dimdi.de/static/de/klassi/icd-10-gm/kodesuche/onlinefassungen/htmlgm2017/block-f40-f48.htm (06.08.2017).

Deutsches Institut für Medizinische Dokumentation und Information (2016). ICD-10-WHO Version 2016. Kapitel V. Psychische und Verhaltensstörungen (F00-F99). Affektive Störungen (F30-F39). Verfügbar unter: https://www.dimdi.de/static/de/klassi/icd-10-who/kodesuche/onlinefassungen/htmlamtl2016/block-f30-f39.htm (15.07.2017).

Finke, J. (2004). Gesprächspsychotherapie. Grundlagen und spezifische Anwendungen. Stuttgart: Georg Thieme Verlag.

Fuchs, T. (2005). Affektive Psychosen. Depression und Manie. In von Spreti, F., Martius, P. & Förstl, H. Kunsttherapie bei psychischen Störungen, (S. 81-87). München: Elsevier GmbH.

Gaebel, W. & Müller-Spahn, F. (2002). Diagnostisch-therapeutischer Prozess in der Psychiatrie – Grundprinzipien. In Gaebel, W. & Müller-Spahn, F. Diagnostik und Therapie psychischer Störungen, (S. 1-72). Stuttgart: W. Kohlhammer GmbH.

Gaebel, W. & Zielasek, J. (2011). Ätiopathogenetische Konzepte und Krankheitsmodelle. In Möller, H.-J., Laux, G. & Kapfhammer, H.-P. Psychiatrie, Psychosomatik, Psychotherapie, (S. 79-107). Berlin Heidelberg: Springer-Verlag.

Gerber, H. & Walter, M. (2013). Abhängigkeitserkrankungen. In Boothe, B. & Riecher-Rössler, A. Frauen in Psychotherapie. Grundlagen – Störungsbilder – Behandlungskonzepte, (S. 152-160). Stuttgart: Schattauer GmbH.

Gerstberger, G. (2005). Kunsttherapie mit Suchtkranken. In von Spreti, F., Martius, P. & Förstl, H. Kunsttherapie bei psychischen Störungen, (S. 200-206). München: Elsevier GmbH.

Härtl, K., Kästner, R. & Stauber, M. (2001). Evaluation eines psychosomatischen Behandlungskonzepts bei opiatabhängigen Schwangeren. Speculum – Zeitschrift für Gynäkologie und Geburtshilfe, 19(3), S. 17-22.

Hartwig, H. (1984). Kultur als Therapie – Therapie als Kultur. In Hartwig, H. & Menzen, K.-H. Kunst-Therapie, (S. 11-24). Berlin: Ästhetik und Kommunikation Verlags-GmbH.

Herpertz, S. C. (2017). Psychische Erkrankungen sind behandelbar - Möglichkeiten, Erfolge, Grenzen. In Hauth, I., Falkai, P. & Deister, A. Psyche Mensch Gesellschaft. Psychiatrie und Psychotherapie in Deutschland: Forschung, Versorgung, Teilhabe, (S. 51-60). Berlin: MWV Medizinisch Wissenschaftliche Verlagsgesellschaft.

Hinterhuber, H. (2011). Ethik in der Psychiatrie. In Möller, H.-J., Laux, G. & Kapfhammer, H.-P. Psychiatrie, Psychosomatik, Psychotherapie. Band 1: Allgemeine Psychiatrie, (S. 51-77). Berlin: Springer Verlag.

Hoßmann, I., Lettow, M. & Münz, R. (2009). Online-Handbuch Demografie. Glossar. Berlin: Berlin-Institut für Bevölkerung und Entwicklung. Verfügbar unter: http://www.berlin-institut.org/online-handbuchdemografie/glossar.html (06.06.2017).

Huybrechts, K. F., Sanghani, R. S., Avorn, J. & Urato, A. C. (2014). Preterm Birth and Antidepressant Medication Use during Pregnancy: A Systematic Review and Meta-Analysis. PLoS ONE, 9(3), e92778.

ICD-10-GM-2017 (2017). F30-F39 Affektive Störungen. F32.- Depressive Episode. Verfügbar unter: http://www.icd-code.de/icd/code/F32.1.html (15.07.2017).

ICD-10-GM-2017 (2017a). F20-F29 Schizophrenie, schizotype und wahnhafte Störungen. F20.- Schizophrenie. Verfügbar unter: http://www.icd-code.de/suche/icd/code/F20.-.html?sp=Sschizophrenie (16.07.2017).

Ijaiya, K., Schwenk, A. & Gladtke, E. (1976). Fetales Alkoholsyndrom. Deutsche Medizinische Wochenschrift, 101(43), S. 1563-1568.

Jacobi, F. & Müllender, S. (2017). Psychische Störungen als individuelles und gesellschaftliches Gesundheitsproblem. In Hauth, I., Falkai, P. & Deister, A. Psyche Mensch Gesellschaft. Psychiatrie und Psychotherapie in Deutschland: Forschung, Versorgung, Teilhabe, (S. 1-13). Berlin: MWV Medizinisch Wissenschaftliche Verlagsgesellschaft.

Jordan, W., Bielau, H., Cohrs, S., Hauth, I., Hornstein, C., Marx, A., Reck, C. & von Einsiedel, R. (2012). Aktuelle Versorgungs- und Finanzierungslage von Mutter-Kind-Einheiten für schwangerschaftsassoziierte psychische Störungen in Deutschland. Psychiatrische Praxis, 39(5), S. 205-210.

Karmasin, M. & Ribing, R. (2017). Die Gestaltung wissenschaftlicher Arbeiten. 9. Auflage. Wien: Facultas Verlags- und Buchhandels AG.

Kittel-Schneider, S. & Reif, A. (2016). Behandlung psychischer Störungen in Schwangerschaft und Stillzeit. Psychotherapie und andere nichtmedikamentöse Therapien. Der Nervenarzt, 87, S. 967-973.

Kunze, J. (2015). JA! Zur Mutterschaft bei psychischer Erkrankung. ein Statement. In Rohde, A. Frauen-Leid und Frauen-Stärkung. Im Fokus von Gynäkologischer Psychosomatik und Gynäkopsychiatrie, (S. 341-349). Köln: Psychiatrie Verlag GmbH.

Leeners, B., Sauer, I. & Rath, W. (2000). Übelkeit und Erbrechen in der Frühschwangerschaft/ Hyperemesis gravidarum. Aktueller Stand zu psychosomatischen Faktoren. Zeitschrift für Geburtshilfe & Neonatologie, 204(4), S. 128-134.

Leeners, B. Neumaier-Wagner, P., Kuse, S. Neises, M. & Rath, W. (2002). Psychosomatische Aspekte in der Ätiologie hypertensiver Schwangerschaftserkrankungen (HES). Geburtshilfe und Frauenheilkunde, 62, S. 26-31.

Lindner, J. M. (2005). Kunsttherapie in speziellen Behandlungssituationen. Das offene Atelier. Kunsttherapie im offenen Atelier. In von Spreti, F., Martius, P. & Förstl, H. Kunsttherapie bei psychischen Störungen, (S. 327-336). München: Elsevier GmbH.

Medscape (2015). HELLP Syndrome. Verfügbar unter:
http://emedicine.medscape.com/article/1394126-overview
(07.08.2017).

Menzen, K.-H. (1984). Kunsttherapie – in Frage und Antwort. In Hartwig, H. &
Menzen, K.-H. Kunst-Therapie, (S. 25-27). Berlin: Ästhetik und Kommunikation Verlags-GmbH.

Messinger, J. (2015). Psychotherapie in der Frauenheilkunde. Was brauchen
Patientinnen? Was brauchen Therapeutinnen? In Rohde, A. Frauen-Leid
und Frauen-Stärkung. Im Fokus von Gynäkologischer Psychosomatik und
Gynäkopsychiatrie, (S. 97-109). Köln: Psychiatrie Verlag GmbH.

Meurers, A. (2015). Stärkung von psychisch kranken Frauen im Zusammenhang
mit Schwangerschaft und Mutterschaft. In Rohde, A. Frauen-Leid und
Frauen-Stärkung. Im Fokus von Gynäkologischer Psychosomatik und Gynäkopsychiatrie, (S. 331-339). Köln: Psychiatrie Verlag GmbH.

Milgrom, J., Gemmill, A. W., Ericksen, J., Burrows, G. Buist, A. & Reece, J. (2015).
Treatment of postnatal depression with cognitive behavioural therapy,
sertraline and combination therapy: a randomised controlled trial. Aust
NZJ Psychiatry, 49(3), S. 236-245.

Miniati, M., Callari, A., Calugi, S., Rucci, P., Savino, M., Mauri, M. & Dell'Osso, L.
(2014). Interpersonal psychotherapy for postpartum depression: a systematic review. Archives of Women's Mental Health, 17(4), S. 257-268.

Myles, N., Newall, H., Ward, H. & Large, M. (2013). Systematic meta-analysis of
individual selective serotonin reuptake inhibitor medications and congen-
ital malformations. Aust NZJ Psychiatry, 47(11), S. 1002-1012.

Northoff, G. (2013 & 2015). Psychotherapie und Gehirnaktivität. In Schubert, C.
Psychoneuroimmunologie und Psychotherapie, (S. 21-34). Stuttgart:
Schattauer GmbH.

Oesterle, D. (2015). Risikoschwangerschaft. Verfügbar unter:
http://www.netdoktor.de/schwangerschaft/risikoschwangerschaft/
(03.08.2017).

Oster, J. (2010). Forschung in der und für die Kunsttherapie – Ballast oder Be-
reicherung. Kunst und Therapie, 2, S. 19-25.

Oster, J., Moser, A. S., Danner-Weinberger, A. & von Wietersheim, J. (2016). Wirkfaktoren ambulanter Kunsttherapie in der Gruppe und Veränderungen im Erleben psychosomatischer Patienten. Psychotherapie Psychosomatik Medizinische Psychologie, 66, S. 82-87.

Oster, J., Poetsch, S., Danner-Weinberger, A. & von Wietersheim, J. (2014). Patientenerfahrungen und Bildverläufe in der Kunsttherapie einer psychosomatischen Tagesklinik. Psychotherapie Psychosomatik Medizinische Psychologie, 64(2), S. 70-75.

Plecity, D. M., Danner-Weinberger, A., Szkura, L. & von Wietersheim, J. (2009). Die Auswirkungen der Kunsttherapie auf das körperliche und emotionale Befinden der Patienten – Eine quantitative und qualitative Analyse. Psychotherapie Psychosomatik Medizinische Psychologie, 59, S. 364-369.

Plewina, C. & Padberg, F. (2012). Transkranielle und invasive Hirnstimulationsverfahren bei Depression. Der Nervenarzt, 83, S. 1006-1012.

Pschyrembel Klinisches Wörterbuch 2014. (2013) (265., überbearb. Aufl.). Berlin, Boston: de Gruyter.

Quindeau, I. (2013). Störungsbilder. Depression. In Boothe, B. & Riecher-Rössler, A. Frauen in Psychotherapie. Grundlagen – Störungsbilder – Behandlungskonzepte, (S. 95-104). Stuttgart: Schattauer GmbH.

Rentrop, M. (2005). Kunsttherapie in speziellen Behandlungssituationen. Die Akutstation. Störungsbilder auf der psychiatrischen Akutstation. In von Spreti, F., Martius, P. & Förstl, H. Kunsttherapie bei psychischen Störungen, (S. 303-308). München: Elsevier GmbH.

Riecher-Rössler, A. (2005). Die Frau mit einer schizophrenen Psychose. In Riecher-Rössler, A. & Bitzer, J. Frauengesundheit. Ein Leitfaden für die ärztliche und psychotherapeutische Praxis, (S. 229-242). München: Elsevier GmbH.

Riecher-Rössler, A. & Heck, A. (2012). Psychopharmakotherapie in Schwangerschaft und Stillzeit. In Riecher-Rössler, A. Psychische Erkrankungen in Schwangerschaft und Stillzeit, (S. 69-89). Basel: Karger.

Riecher-Rössler, A. (2015). Gute Hormone, schlechte Hormone? Die psychiatrische Perspektive. In Rohde, A. Frauen-Leid und Frauen-Stärkung. Im Fokus von Gynäkologischer Psychosomatik und Gynäkopsychiatrie, (S. 413-425). Köln: Psychiatrie Verlag GmbH.

Robert Koch-Institut (2008). Psychotherapeutische Versorgung. Berlin: Robert Koch-Institut.

Robert Koch-Institut (2015). Gesundheitsberichterstattung des Bundes gemeinsam getragen von RKI und DESTATIS. Gesundheit in Deutschland. Berlin: Robert Koch-Institut.

Rohde, A. (2004). Rund um die Geburt eines Kindes: Depressionen, Ängste und andere psychische Probleme. Ein Ratgeber für Betroffene, Angehörige und ihr soziales Umfeld. Stuttgart: Kohlhammer.

Rohde, A. & Dorn, A. (2007). Gynäkologische Psychosomatik und Gynäkopsychiatrie. Das Lehrbuch. Stuttgart: Schattauer GmbH.

Rohde, A., Dorsch, V. & Schaefer, C. (2015). Psychisch krank und schwanger – geht das? Ein Ratgeber zu Kinderwunsch, Schwangerschaft, Stillzeit und Psychopharmaka. Stuttgart: Verlag W. Kohlhammer GmbH.

Rohde, A. & Schaefer, C. (2010). Psychopharmakotherapie in Schwangerschaft und Stillzeit. Arzneisicherheit – Beratung – Entscheidungsfindung. Stuttgart: Georg Thieme Verlag KG.

Ruddy, R. & Milnes, D. (2006). Art therapy for schizophrenia or schizophrenia-like illnesses. Verfügbar unter: http://onlinelibrary.wiley.com/doi/10.1002/14651858.CD003728.pub2/pdf (07.08.2017).

Schaefer, C. (2015). Besonderer Beratungsbedarf bei psychischen Erkrankungen. Embryotox – und das Dilemma mit Medikamenten in der Schwangerschaft. In Rohde, A. Frauen-Leid und Frauen-Stärkung. Im Fokus von Gynäkologischer Psychosomatik und Gynäkopsychiatrie, (S. 351-366). Köln: Psychiatrie Verlag GmbH.

Schmeer, G. (1997). Psychoanalytische Kunsttherapie. In Baukus, P. & Thies, J. Kunsttherapie, (S. 187-195). Stuttgart, Jena, Lübeck & Ulm: Gustav Fischer Verlag.

Schmitt, B. & Fröhlich, J. (2007). Kreative Therapieansätze in der Behandlung von Demenzen – eine systematische Übersicht. Fortschritt der Neurologie Psychiatrie, 75(12), S. 699-707.

Schramm, E. (1998). Interpersonelle Psychotherapie bei Depressionen und anderen psychischen Störungen. Stuttgart: Schattauer GmbH.

Schuster, M. (1986). Kunsttherapie. Die heilende Kraft des Gestaltens. Köln: DuMont Buchverlag.

Statistisches Bundesamt (2017). Gestorbene nach Todesursachen. Anzahl der Gestorbenen nach Kapiteln der ICD-10. Verfügbar unter: https://www.destatis.de/DE/ZahlenFakten/GesellschaftStaat/Gesundheit /Todesursachen/Tabellen/GestorbeneAnzahl.html (18.05.2017).

Stauber, M. (1999). Schwangerschaft und Sucht: Klinische Forschungsergebnisse. Einsichten, 16, S. 24-26.

Steinbauer, M. & Taucher, J. (1997). Integrative Maltherapie. Eine Brücke zu Patienten mit psychischen Störungen. Wien: Springer-Verlag.

Stoppard, M. (1998). Das große Ravensburger Buch der Schwangerschaft. Ein Ratgeber für werdende Mütter und Väter. Berlin: Urania-Ravensburger.

Surbek, D. (2012). Pränatalmedizinisch-geburtshilfliche Aspekte bei der Betreuung von psychisch kranken Schwangeren. In Riecher-Rössler, A. Psychische Erkrankungen in Schwangerschaft und Stillzeit, (S. 17-27). Basel: Karger.

Sutner, L., Fichter, M. & Leibl, C. (2007). Gestaltungstherapie im integrativen stationären verhaltenstherapeutischen Setting. Psychotherapie im Dialog, 8(1), S. 47-51.

Svikis, D. S. & Reid-Quiñones, K. (2003). Screening and prevention of alcohol and drug use disorders in women. Obstetrics and gynecology clinics of North America, 30(3), S. 447-468.

Tüpker, R. (2011). Auf der Suche nach angemessenen Formen wissenschaftlichen Vorgehens in der kunsttherapeutischen Forschung. In Petersen, P., Gruber, H. & Tüpker, R. Forschungsmethoden Künstlerischer Therapien, (S. 89-106). Wiesbaden: Reichert.

von Spreti, F. (2005). Kunsttherapie mit schizophrenen Patienten. In von Spreti, F., Martius, P. & Förstl, H. Kunsttherapie bei psychischen Störungen, (S. 63-80). München: Elsevier GmbH.

von Spreti, F. (2005a). Kunsttherapie in speziellen Behandlungssituationen. Die Akutstation. Die kunsttherapeutische Gruppe auf der Akutstation. In von Spreti, F., Martius, P. & Förstl, H. Kunsttherapie bei psychischen Störungen, (S. 293-302). München: Elsevier GmbH.

von Spreti, F. (2005b). Kunsttherapie in speziellen Behandlungssituationen. Die ambulante Gruppe. Kunsttherapie in der ambulanten Gruppe. In von Spreti, F., Martius, P. & Förstl, H. Kunsttherapie bei psychischen Störungen, (S. 317-322). München: Elsevier GmbH.

Wagner-Link, A. (2009). Frauen und Männer. Gender in der Psychotherapie. Lengerich: Pabst Science Publishers.

Watermann, K. (2010). Die Effekte von Kunsttherapie auf das Erleben und Verhalten männlicher Patienten mit Persönlichkeitsstörungen in der forensischen Psychiatrie. Musik-, Tanz- und Kunsttherapie, 21(2), S. 79-86.

Weingart-Jesse, B. & Stauber, M. (1999). Sucht und Schwangerschaft. In Stauber, M., Kentenich, H. & Richter, D. Psychosomatische Geburtshilfe und Gynäkologie, (S. 249-258). Berlin: Springer Verlag.

World Health Organization (2017). Depression. Verfügbar unter: http://www.who.int/mediacentre/factsheets/fs369/en/ (14.08.2017).

Wiethüchter, B. & Frieß, E. (2005). Kunsttherapie in speziellen Behandlungssituationen. Die Tagklinik. In von Spreti, F., Martius, P. & Förstl, H. Kunsttherapie bei psychischen Störungen, (S. 309-316). München: Elsevier GmbH.

Wimmer-Puchinger, B. (2013). Schwangerschaft und Postpartalzeit. In Boothe, B. & Riecher-Rössler, A. Frauen in Psychotherapie. Grundlagen – Störungsbilder – Behandlungskonzepte, (S. 54-60). Stuttgart: Schattauer GmbH.

Wood, M. Molassiotis, A. & Payne, S. (2011). What research evidence is there for the use of art therapy in the management of symptoms in adults with cancer? A systematic review. Psycho-Oncology, 20, S. 135-145.